PCI DSS , Breve Guia Para el Cumplimiento

¿Que es el PCI DSS?

Una búsqueda en Google del término "pci-dss" arroja 10,600,000 resultados con información acerca de éste estándar publicada por consultores, empresas que fabrican y venden hardware, software, universidades y fuentes oficiales.

En ese mar de datos es fácil perderse al tratar de entender realmente qué es y para que se·creó el PCI-DSS, quién lo debe cumplir y qué entidades son responsables de supervisar su cumplimiento.

El PCI-DSS (*Payment Card Industry Data Security Standard)* es el estándar de seguridad que busca proteger las transacciones realizadas con tarjetas bancarias operado por el PCI Security Standards Council (PCI SSC) con el objetivo de incrementar los controles alrededor de los datos de los tarjetahabientes para reducir el fraude de tarjetas bancarias.

El estándar PCI DSS tiene como antecedente el Programa de Seguridad de Información de Tarjetahabientes creado por VISA en el año 1999 que estaba orientado a asegurar las transacciones en línea de los comercios que usaban ésta marca.

Ante el crecimiento de los fraudes con tarjetas y la llegada de medios de pago electrónicos vía Internet, en el año 2004 las cinco grandes marcas de tarjetas (VISA, MasterCard, American Express, JCB y Discover) se unieron para crear la versión 1.0 del PCI-DSS y éste se volvió mandatorio para todos los involucrados en el proceso de pagos con tarjeta.

Aunque inicialmente se fijó el mes de junio de 2005 como fecha límite para su cumplimiento, muchas compañías no lograron implementar lo que marcaba el estándar para esa fecha.

Para septiembre de 2006 y coincidiendo con la liberación de la versión 1.1 del estándar, se creó el PCI Security Standards Council

(PCI SSC) que, conformado por las cinco marcas, se haría cargo de manera independiente del mantenimiento y supervisión del cumplimiento del PCI-DSS de ahi en adelante.

A partir de la creación del PCI SSC se han publicado las versiones 1.2 en octubre de 2008, 1.2.1 en agosto de 2009, 2.0 en octubre de 2010, 3.0 en noviembre de 2013, 3.1 en abril de 2015 y 3.2 en abril de 2016 siendo ésta última la más reciente a la fecha de ésta publicación.

Al PCI-DSS se le ha confundido de manera errónea con una ley o norma gubernamental sin embargo éste estándar es meramente de carácter comercial y su ámbito de aplicabilidad es únicamente las compañías y organizaciones que estén involucradas en el ciclo de pagos con tarjeta ya sea que acepten, transmitan o almacenen datos de pagos. Es usual que no sea claro si una compañía está involucrada en el cumplimiento de PCI-DSS ya que el manejo de datos de tarjeta puede ser indirecto como por ejemplo un proveedor de servicios de almacenamiento de archivo físico que trabaja para una compañía que le envíe a almacenar formularios de registro de clientes que incluyen algún dato de tarjetas de pago.

La forma usual en la que un proveedor del tipo mencionado en el ejemplo se entera de que está sujeto a cumplir con el PCI-DSS es por medio de su cliente que, sabiéndose obligado a cumplir con el estándar, exige lo mismo para sus proveedores que por algún motivo están en contacto con datos de tarjeta.

Si bien el estándar PCI-DSS es un sólo documento, la forma de su aplicación es distinta para cada compañía según la modalidad y tecnología que usa para interactuar con los datos de tarjeta que puede ser desde la interacción directa con la tarjeta o los datos de la misma, hasta su almacenamiento físico o lógico pasando por la transmisión y procesamiento de los datos. Estas formas de aplicación del estándar son reguladas por una serie de documentos auxiliares que incluyen los SAQ (*Self Assesment Questionaries)* de los que se hablará mas adelante.

En capítulos subsecuentes se explicará cómo interactúan los distintos roles, estándares y organizaciones dentro del marco de cumplimiento de PCI-DSS y el resto de los estándares del PCI SSC.

¿Por qué tanta confusión?

A lo largo de los años desde la publicación de PCI-DSS han existido diversas fuentes de información tanto oficial como no oficial, desafortunadamente la información oficial disponible, particularmente en idioma español ha sido por demás escueta y escasa. Esto, aunado a los discursos usualmente tendenciosos y sesgados de proveedores de servicios de consultoría, fabricantes de tecnología y asesores han generado una gran desinformación con respecto a lo que realmente es el estándar y quién debe cumplirlo y cómo.

En opinión del autor, incluso el propio PCI SSC ha contribuido a la desinformación generalizada al no contar por demasiado tiempo con compendios de información documentada acerca del estándar y su aplicabilidad en los diferentes idiomas de los países en donde se enforza el estándar.

Es por ello que a continuación se presenta una lista (no exhaustiva) de lo que és y no es el estándar PCI-DSS.

El estándar El PCI-DSS es...
- Un estándar comercial
- El estándar de seguridad para la industria de pagos con tarjeta bancaria
- Aplicable y obligatorio para todas las empresas y organizaciones que manejan datos de tarjeta bancaria de alguna marca afiliada al PCI SSC

El estándar El PCI-DSS NO es...
- Una ley
- Aplicable sólo en algunos países
- Obligatorio si no se manejan datos de tarjeta o se trabaja para una organización que lo haga (ej. Proveedor de servicios)

Terminología de la industria de pagos

Es conveniente establecer los términos comunes que se usan en la industria de pagos y serán mencionados a lo largo de éste libro de manera recurrente y que son los siguientes:

- Cardholder / Tarjetahabiente (persona titular de la tarjeta).- Cliente que realiza sus transacciones de compras presentando o no la tarjeta.
- Issuer / Emisor.- Institución Financiera que emite la tarjeta a nombre de las marcas de pago (ej. Visa y MasterCard)
- Marca de Pago - Amex, Discover, JCB, VISA, MasterCard
- Tarjeta de pago.- cualquier tarjeta o dispositivo que tenga los logos de cualquiera de las marcas de pago.
- PAN (Primary Account Number) / Número de Cuenta Principal.- Número de la tarjeta único que identifica la cuenta del tarjetahabiente.
- Merchant / Comercio.- Organización que acepta la tarjeta de pago durante una compra.
- Acquirer /adquirente.- Banco o entidad que el comerciante utiliza para procesar las transacciones de tarjetas de pago, recibe solicitudes de autorización del comerciante y remitir a los emisores para su aprobación, proporciona servicios de autorización, compensación y liquidación a los comerciantes. El adquirente también es llamado banco del comerciante
- Service Provider / Proveedor de Servicios.- Compañía que no es una marca de pago que está directamente involucrada en el procesamiento, almacenamiento o transmisión de datos de tarjetahabientes en nombre de otra compañía. Se incluye también a las compañías que proporcionan servicios que controlan o podrían afectar la seguridad de los datos del titular de la tarjeta. Algunos ejemplos son los proveedores de servicios administrados que proporcionan firewalls administrados, IDS y otros servicios, así como proveedores de hosting y otras entidades. Si una entidad proporciona un servicio que sólo implica la provisión de acceso a la red pública -como una compañía de telecomunicaciones que

proporciona sólo el enlace de comunicación- la entidad no se consideraría un proveedor de servicios para ese servicio (aunque pueden ser considerados proveedores de servicios para otros servicios).

- Payment Processor / Procesador de Pagos.- También es conocido como *gateway* de pagos o "proveedor de servicios de pago (PSP)" y es una empresa contratada por un comerciante u otra entidad para manejar transacciones de tarjeta de pago en su nombre. Si bien los procesadores de pagos normalmente proporcionan servicios de adquisición, los procesadores de pagos no se consideran adquirentes a menos que se definan como tales por una marca de tarjeta de pago.
- Datos de Track / Track Data.- También se conoce como "datos de pista completa" o "datos de banda magnética". Datos codificados en la banda magnética o chip utilizados para la autenticación y / o autorización durante las transacciones de pago. Puede ser la imagen de banda magnética en un chip o los datos en la pista 1 y / o pista 2 porción de la banda magnética.
- Qualified Security Assessor (QSA).- Revisor calificado de seguridad es una empresa que cuenta con auditores/revisores certificados por el PCI SSC para llevar a cabo auditorías y evaluaciones de cumplimiento de los estándares de PCI

Una exhaustiva lista de términos y definiciones se encuentra disponible en el sitio oficial del PCI SSC en el URL : **https://www.pcisecuritystandards.org/pci_security/glossary.**

Flujo de transacciones de pago

A diferencia de un pago en efectivo donde sólo interactúan el pagador y el receptor, en un pago con tarjeta (esté o no presente) participan múltiples actores que intermedian entre las partes directamente interesadas en la transacción.

Para empezar tenemos a los elementos indispensables que hacen posible una transacción con tarjeta que son; el tarjetahabiente y por supuesto la tarjeta de pago.

Las tarjetas de pago datan de los años '20 del siglo XX con antecedentes en las tarjetas de cargo emitidas directamente por comercios como Western Union y algunos comerciantes de productos y combustibles automotrices que comenzaron a aceptar sus tarjetas entre sí para realizar compras en las tiendas de éstas marcas.

Sin embargo no fue sino hasta 1950 cuando se creó Diners Club, la primera tarjeta de pago de propósito general que fue seguida en 1958 por American Express, ambas eran tarjetas de cargo, es decir que solamente ofrecían un financiamiento hasta la fecha de corte en la cual se debía liquidar por completo todo el saldo originado por los cargos realizados. Más adelante en ese mismo año de 1958 surge la primera tarjeta de crédito revolvente emitida por Bank Of America llamada *BankAmericard* misma que posteriormente evolucionaría como marca para llamarse VISA en los años '70, finalmente MasterCard entro en escena mediante su antecesor "Master Charge" en 1966.

La tarjeta de pago es un documento -usualmente elaborado en plástico- que mide 85.60 mm × 53.98 mm, con orillas redondeadas que está especificado en el estándar ISO/IEC 7810 ID-1 y que consta de dos caras con una serie de características y datos como se muestra a continuación:

Banco Emisor

1234 5678 9123 4567

01/29

NOMBRE DEL TARJETAHABIENTE

Anverso:
- Logotipo del banco emisor
- Chip EMV (sólo en "tarjetas inteligentes")

- Holograma
- Número de tarjeta (PAN)
- Logotipo de la red de tarjetas
- Fecha de caducidad
- Nombre del titular de la tarjet a
- Chip sin contacto (NFC)

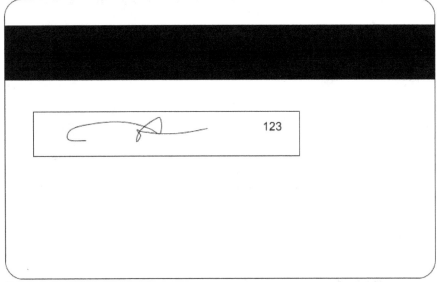

Reverso:
- Banda magnética
- Firma del tarjetahabiente
- Código de seguridad de la tarjeta

Los titulares de tarjetas hacen compras con tarjeta de pago a los comerciantes, estos envían los datos de la transacción de pago a sus adquirentes mismos que envían los datos de la transacción de pago a través de la red de pago con el emisor.

El emisor es el que en realidad emite la tarjeta al titular de la tarjeta y, cada vez que el titular de la tarjeta hace una compra, el emisor proporciona la autorización de la transacción al banco adquirente del comerciante.

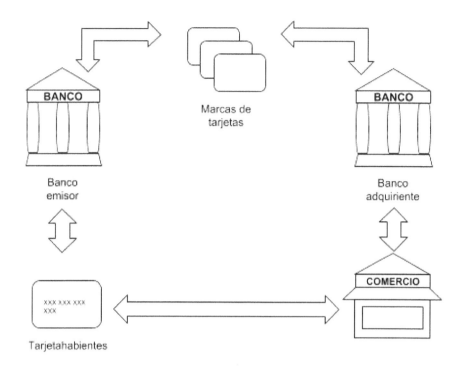

Marcas de tarjetas

Banco emisor

Banco adquiriente

COMERCIO

XXX XXX XXX XXX

Tarjetahabientes

Los proveedores de servicios

Mucho se habla de los proveedores de servicios en el contexto de PCI, sobre todo en grandes empresas multirregionales y conglomerados empresariales en los que la tercerización de servicios es habitual e incluso en los casos de grupos empresariales ésta práctica se lleva a cabo entre empresas del mismo grupo (partes relacionadas).

En el contexto de PCI, la principal diferencia entre un proveedor de servicios tercerizados y un área o unidad de negocio interna es la forma de gobernanza, es decir, al proveedor externo (sea realmente externo u otra empresa del mismo grupo pero independiente) se le gobierna a través de uno varios instrumentos contractuales y éstos a su vez pueden contener diversas herramientas que ayudan a controlar, supervisar y administrar la relación entre organizaciones. Estas herramientas pueden ser Acuerdos de Niveles de Servicio (ANS o SLA por sus siglas en Inglés), Políticas para proveedores, Procedimientos de Negocio entre otros y su ciclo de vida usualmente involucra en primera instancia a las áreas de compras o adquisiciones, las áreas legales, de sistemas y otras áreas de negocio afectadas y fluye desde la contratación, la administración del contrato y la cancelación o re-negociación del mismo.

El rol que juegan los proveedores de servicio en PCI depende de su naturaleza y de qúe actividades o servicios provean para la organización obligada, algunos ejemplos de tipos de proveedores son:

- Organizaciones de Ventas Independientes (agentes / representantes)
- Centros de Contacto o *Call Centers*
- Procesadores de transacciones de pago con tarjeta
- Switches o *Gateways* de pago
- Empresas de alojamiento web
- Proveedores de servicios de seguridad administrados (MSSP/SOC)
- Empresas de marketing, cobranza de terceros
- Proveedores que realizan mantenimiento de TPVs
- Proveedores de almacenamiento de información de largo plazo
- Cualquier otro servicio que se use en el ciclo de pago con tarjeta

Es importante hacer notar que és la organización obligada (comerciante, adquiriente, proveedor) en primera instancia es responsable unívoco del cumplimiento de PCI y de ninguna manera el tener algunos o todos los componentes de su operación tercerizados con un proveedor le exime de la responsabilidad de cumplir con los controles y de responder ante incidentes y consecuencias del no cumplimiento.

¿Es o no es proveedor de servicios?

En ocasiones existen dudas con respecto a si un proveedor de servicios está involucrado en el alcance de PCI-DSS. Para determinar si un proveedor de servicios cae dentro del alcance de y debe estar sujeto a cumplimiento del estándar es preciso responder las siguientes preguntas:

- ¿El proveedor maneja datos de tarjeta para el cliente?
- ¿El proveedor tiene influencia sobre la seguridad de los datos de tarjetas?

Manejo de datos de tarjeta

Como manejo se entiende toda aquella operación que involucre el tratamiento de datos de tarjeta, pudiendo ser:

- Adquisición de datos .-recolección por cualquier medio ya sea electrónico o físico, por ejemplo un call center que recibe datos de tarjeta por teléfono.
- Transmisión de datos de tarjeta.- por cualquier medio, físico o electrónico, por ejemplo un proveedor de comunicaciones seguras (VPN).
- Procesamiento de datos.- transformación o uso transaccional de los datos, por ejemplo un switch de pagos o un proveedor de tokenización
- Almacenamiento de datos.- resguardo físico o lógico de datos de tarjetas, por ejemplo un proveedor de almacenamiento de archivo físico en bodegas seguras, o un proveedor de almacenamiento de datos en nube

Influencia sobre los datos de tarjeta

Como influencia se entiende la oportunidad, capacidad o habilidad de afectar la seguridad de los datos de tarjeta independientemente de las reglas de seguridad. Es decir si un proveedor tiene prohibido acceder ciertos datos al brindar un servicio pero no hay medidas de barrera electrónica o física que se lo impidan, quedará la seguridad expuesta a que el proveedor cumpla con la regla respetando la prohibición confiando en que así lo haga y no mediante algún control que la enforce.

Un ejemplo de influencia sobre los datos es el de un proveedor de almacenamiento de archivo muerto en forma de documentos físicos, mediante el cual el proveedor recoge periódicamente documentos de su cliente para resguardo permanente en bodegas seguras. Si esos documentos tienen datos de tarjeta y los contenedores donde se transportan y almacenan dichos documentos no son sellados por el cliente y el proveedor puede abrirlos sin ninguna barrera física, la seguridad de los datos de tarjeta contenidos en los documentos dependerá que todo el personal del proveedor que esté en contacto con los documentos respete la prohibición de abrir los contenedores y ver o copiar los documentos.

Es así que éste proveedor tiene influencia sobre la seguridad de los datos de tarjeta por lo que debería estar contemplado en el ámbito de cumplimiento de PCI DSS de manera integral y hasta el nivel que sus actividades lo requieran y, dependiendo del nivel de la organización cliente, deberá someterse a una revisión de controles mediante el SAQ aplicable y presentar el AOC o ROC correspondientes según sea el caso.

Programas de cumplimiento de las marcas de pago

Si bien el estándar PCI-DSS es mantenido por el PCI Security Standards Council como organismo normativo cada marca de pago desarrolla y mantiene su propio programa de cumplimiento en conformidad con su propia política de gestión de riesgos de seguridad, siendo éstos los siguientes:

- American Express: Data Security Operating Policy (DSOP).
- Discover: Discover Information Security Compliance (DISC).
- JCB: Data Security Program.
- MasterCard: Site Data Protection (SDP).
- Visa Ine.: Cardholder Information Security Program (CISP).
- Visa Europe: Account Information Security (AIS) Program.

Cada marca es libre de estructurar de la manera en que más le convenga su estrategia de manejo de riesgos sin embargo todos los programas incluyen los aspectos de:

- Criterios de aplicabilidad.- definen a qué organizaciones y cómo les aplica el programa
- Criterios de niveles.- definen qué factores son tomados en cuenta para definir el nivel de las organizaciones que están bajo la supervisión del programa
- Lineamientos de validación de cumplimiento.- establecen los mecanismos mediante los cuales será verificado el cumplimiento de PCI-DSS en las organizaciones sujetas a supervisión dentro del programa.
- Procedimientos de validación.- establece los mecanismos y procedimientos que llevará a cabo la marca para supervisar el cumplimiento de PCI-DSS en las organizaciones sujetas a cumplimiento del programa.

Las marcas son responsables de conducir las actividades de supervisión hacia las organizaciones obligadas a través de las empresas emisoras y adquirentes.

Las marcas de pago también son responsables de la definición de las normas para las investigaciones forenses y de responder ante un compromiso (ataque) a los datos de tarjetas facilitando y supervisando las investigaciones de la organización comprometida hasta la resolución del caso.

Es poco usual que las marcas hagan cambios radicales en cuanto a los criterios mencionados sin embargo es importante que se tenga atención a los diferentes programas de las marcas a través de los sitios web que para ello mantienen.

Entidades obligadas

Si bien cada marca tiene particularidades en su programa de cumplimiento de PCI-DSS, existen elementos comunes en cuanto a la aplicabilidad del programa a las entidades supervisadas y éstas son:

- Comercios.
- Proveedores de Servicios.
- Procesadores de Terceros.
- Conexiones directas a las principales marcas de tarjetas.
- Instituciones Financieras / Bancos.

Para aplicar los requerimientos de cumplimiento y supervisión, las marcas definen en sus programas diferentes niveles para cada entidad obligada dependiendo de varios factores que más adelante se detallarán, estos niveles van del 1 al 4 siendo el 1 el mayor y 4 el menor, es así que cuando nos referimos a un comercio nivel 1 nos estamos refiriendo a una entidad obligada a cumplir con PCI-DSS con el mayor grado de exigencia.

Los niveles de los comercios son definidos por cada marca de pago de acuerdo a los criterios de:

- El criterio del banco adquiriente .- el banco adquiriente puede de manera unilateral definir el nivel de un comercio basándose en factores como ; el riesgo inherente de las operaciones del comercio relativas a tarjetas de pago, el tamaño y dispersión geográfica del comercio y el historial de gestión e incidentes de seguridad del comercio.
- La cantidad de transacciones con tarjeta que maneja por año (independientemente del monto por transacción. Cada marca maneja un nivel / criterio distinto que se muestra en la siguiente tabla:

Nivel	Amex	Discover	JCB	MasterCard	Visa
1	Más de 2.5 Millones de	Más de 6 Millones de transaccio	Más de 1 Millón de transaccio nes por	6 Millones de transaccio nes de	Más de 6 Millones de transaccio

12

	transacciones por año o ser designado como Nivel 1 por otra marca o por el banco adquiriente	nes por año o ser designado como Nivel 1 por otra marca o por el banco adquiriente	año o haber sido comprometido (vulnerado)	MasterCard o Maestro o ser designado como Nivel 1 por otra marca ó por el banco adquiriente ó haber tenido un incidente de seguridad de tarjetas	nes por año o ser designado como Nivel 1 por otra marca o por el banco adquiriente
2	De 50,000 a 2.5 Millones de transacciones por año o ser designado como Nivel 2 por otra marca o por el banco adquiriente	De 1 Millón a 6 Millones de transacciones o ser designado como Nivel 2 por otra marca o por el banco adquiriente	Menos de 1 Millón de transacciones por año	De 1 Millón a 6 Millones de transacciones o ser designado como Nivel 2 por otra marca o por el banco adquiriente	De 1 Millón a 6 Millones de transacciones o ser designado como Nivel 2 por otra marca o por el banco adquiriente
3	Menos de 50,000 transacciones por año	De 20,000 a 1 Millón de transacciones por año de tarjeta no presente o	N/A	Más de 20,000 transacciones de MasterCard o Maestro o más de 1	De 20,000 a 1 Millón de transacciones electrónicas por año

		ser designado como Nivel 3 por otra marca o por el banco adquiriente		Millón de transaccio nes electrónic as por año o ser designado como Nivel 3 por otra marca o por el banco adquiriente	

La tabla nos muestra los criterios para determinar el nivel de cada comercio, sin embargo cabe recalcar que el banco adquiriente o la marca puede determinar de manera directa el nivel de un comercio en particular, es por ello que se recomienda mantener una estrecha comunicación entre el comercio y el banco adquiriente, ya que éste último es el primer eslabón en la cadena de supervisión y comunicación para el cumplimiento y aplicación de PCI.

También cabe recalcar que, si bien hay grados de exigencia sobre el cumplimiento de PCI que más adelante se mencionan, la premisa como se ha dicho anteriormente es que toda aquella organización que cobre con tarjeta bancaria está obligada a implementar y cumplir con el estándar PCI-DSS, la única cuestión diferenciada es el nivel de supervisión que tendrá por parte de su banco adquirente.

Requisitos de Validación de PCI

Como se ha mencionado, los requisitos de validación de PCI varían de acuerdo a nivel del comercio u organización en función de lo descrito en la tabla de niveles de entidades obligadas expuesta previamente, esto no significa que los estándares apliquen de manera diferente a cada nivel, el estándar es el mismo y se exige al mismo nivel para todos , no existe una versión *light* del estándar ni ciertas partes que no apliquen a una entidad en específico.

Lo que varía para cada nivel de entidad obligada es la forma en que será supervisada por el banco adquirente es decir, dependiendo del nivel deberá someterse, la entidad obligada, a diferentes revisiones y validaciones internas y/o externas de acuerdo a la siguiente lista:

- **Nivel 1**
    - Report on Compliance (ROC) ejecutado por un QSA mediante un assessment en sitio
    - Escaneos trimestrales por un Authorized Scanning Vendor (ASV)
- **Nivel 2**
    - Assessment en sitio de nivel 1 a discreción del banco adquiriente
    - SAQ anual
    - Escaneos trimestrales por un ASV
    - Attestation on Compliance (AOC)
- **Nivel 3 al 4**
    - SAQ anual
    - Escaneos trimestrales por un ASV
    - Attestation on Compliance (AOC)

¿Que son el SAQ, ROC, ASV y AOC?

Como toda industria, la de pagos y en especial la de seguridad en medios de pago cuenta con su dosis de acrónimos, abreviaciones y *slang* , en particular lo referido a los mecanismos de supervisión de PCI genera usualmente confusiones y malentendidos acerca de su significado, ámbito de aplicación y propósito.

A continuación trataré de definir en los términos más sencillos posibles éstos elementos y su propósito dentro de la supervisión de PCI sin embargo existe una amplia literatura y en particular un glosario de términos en el sitio del PCI SSC referido previamente y ubicado en el URL : **https://www.pcisecuritystandards.org/pci_security/glossary.**

SAQ y AOC

El *Self Assesment Questionaire* representa el eje de validación de cumplimiento dentro de PCI y como su nombre lo indica está intencionado para ser una auto evaluación (aunque en ocasiones sea utilizado por terceras partes) de la entidad obligada para determinar el estado de cumplimiento de la misma con el estándar PCI DSS y por consiguiente el estado que guardan los controles que integran los 12 requisitos de la norma.

Existen diferentes versiones del SAQ para diferentes escenarios que se detallarán más adelante. El SAQ consiste de dos secciones:

- Cuestionario de preguntas relacionadas con el estado de los controles de los 12 requisitos de PCI DSS
- Atestación de cumplimiento (AOC) que consiste en la declaración de la capacidad de responder las preguntas y el estado que guardan los controles de PCI DSS en la organización

La relación entre el SAQ y AOC está en que ésta última (AOC) es una validación, una rúbrica que la organización hace sobre el estado de los controles que se contesta en el SAQ, es decir al contrario de lo que se puede pensar, el AOC no es un documento independiente sino una sección que manifiesta el estado de los controles de PCI DSS.

Las variantes del SAQ existentes permiten una aplicación diferenciada de la validación de controles dependiendo del tipo de organización, tecnología de pagos y procesamiento de información de tarjetas, los distintos tipos de SAQ se describen en la siguiente tabla:

SAQ	Descripción
A	Comercios que usan tarjetas no presentes (e-commerce o correo / teléfono), que tienen tercerizadas todas las funciones de datos del titular de la tarjeta con un proveedor que cumple con PCI DSS. Proveedores, sin almacenamiento electrónico, procesamiento o transmisión de ningún dato de titular de tarjeta en los sistemas locales. No es aplicable a los canales de transacciones cara a cara.
A-EP	Comercios que tienen operaciones de comercio electrónico que tercerizan todo el procesamiento de pagos a un proveedor que cumple con PCI DSS y que tengan un sitio web (s) que no reciba directamente

	datos del titular de la tarjeta, pero que pueden afectar a la seguridad de la transacción de pago. No almacenamiento, procesamiento o transmisión de datos de tarjetahabientes en los sistemas del comercio *Aplicable sólo a los canales de comercio electrónico.*
B	Aplica para comercios que solamente usan: - Máquinas de impresión sin almacenamiento electrónico de datos del titular de la tarjeta; Y / o -Terminales independientes de marcación externa sin almacenamiento electrónico de datos del titular de la tarjeta. *No aplicable a los canales de comercio electrónico*
B-IP	Aplicable a comercios que utilizan terminales de pago autónomas (stand alone) aprobadas por un PTS y comunicación vía IP con el procesador de pagos sin almacenamiento electrónico de datos de tarjetas. *No aplicable a los canales de comercio electrónico*
C-VT	Aplicable a comerciales que introducen manualmente una sola transacción de pagos a la vez por medio de un teclado en una solución de terminal virtual basada en internet que es proporcionada y alojada por un proveedor certificado PCI DSS. No existe almacenamiento de datos de tarjeta. *No aplicable a los canales de comercio electrónico*
C	Aplicable a comercios con sistemas de aplicación de pagos conectados a internet, sin almacenamiento electrónico de datos de tarjeta. *No aplicable a los canales de comercio electrónico*
P2PE-HW	Aplicable a comercios que usan sólo terminales de pago de hardware que se incluyen y administran a través de una solución validada por P2PE PCI y listada por el PCI SSC. No existe almacenamiento electrónico de datos de tarjetahabientes.

Es importante mantenerse al tanto de los cambios que sufren los documentos de SAQ emitidos por el PCI SSC por lo que se recomienda consultar periódicamente el sitio del PCI SSC y en particular la biblioteca de documentos ubicada en https://www.pcisecuritystandards.org/document_library y más en concreto el documento de entendimiento del SAQ disponible en https://www.pcisecuritystandards.org/documents/Understanding_SA Qs_PCI_DSS_v3.pdf

ROC

El ROC (Report On Compliance) es el documento que sirve para verificar que una entidad (comercio o proveedor de servicios) cumple con el estándar PCI DSS y representa lo equiparable a una certificación de cumplimiento sin ser exactamente de la misma naturaleza.

El ROC debe ser llenado por un auditor certificado como QSA (Qualified Security Assessor) por el PCI SSC y deberá ser el producto de una auditoría en sitio conducida por éste . El formulario se envía al banco adquiriente del comercio para su aceptación y validación. Una vez que el banco adquiriente del comerciante ha aceptado el ROC éste se encarga de turnarlo a la marca supervisora (Visa, MasterCard, Amex, Discover) para su aceptación final.

Con ésta entrega y aceptación se da por validado que el comercio en cuestión cumple con lo requerido por PCI para el periodo evaluado. Un ROC tiene vigencia de 12 meses y debe ser revalidado una vez terminada su vigencia después de una auditoría por parte de un QSA.

El formato oficial del ROC puede ser descargado desde la biblioteca en línea del PCI SSC accesible en el siguiente URL: https://www.pcisecuritystandards.org/document_library

ASV

Uno de los requisitos para los comercios clasificados como Nivel 1 es el realizar cada tres meses un escaneo de vulnerabilidades a los sistemas integrantes del CDE (Cardholder Data Environment) de manera que se puedan identificar fallas como las que se enlistan a continuación:

- Errores de configuración que expongan la seguridad (Ej. sistema sin contraseña en la cuenta de administrador/root)
- Falta de parches de sistema que puedan causar impactos de seguridad (Ej. Sistema vulnerable a Cross site scripting por falta de un parche del software de servidor Web Apache)
- Errores de despliegue / arquitectura (Ej. sistema de gestión de registros (logs) con consola Web expuesta a internet)
- Falta de mantenimiento de los parámetros de seguridad de los sistemas (Ej. Sistema sin expiración de contraseñas por defecto)

Para ser válido en el contexto de supervisión de PCI-DSS, el escaneo debe ser realizado por una empresa acreditada como ASV (Authorized Scanning Vendor) que es responsable de:

- Realizar el escaneo externo de vulnerabilidades de acuerdo al requerimiento 11.2.2 del estándar PCI DSS y a lo descrito en el documento guía del programa de ASV disponible en: https://www.pcisecuritystandards.org/documents/ASV_Progr am_Guide_v2.pdf
- Mantener la seguridad e integridad de las herramientas a ser utilizadas en el escaneo de vulnerabilidades
- Hacer los esfuerzos razonables para asegurarse que:
  - Los escaneos no interrumpan o afecten negativamente las operaciones del cliente
  - Los escaneos no penetren ni alteren de manera alguna los sistemas del cliente
- Escanear todos los segmentos IP y dominios provistos por el cliente para verificar la existencia de hosts activos
- Consultar con el cliente en caso de encontrar hosts activos no reportados inicialmente por el cliente para determinar si éstos deben de ser probados
- Determinar si los sistemas probados del cliente cumplen con los requisitos del escaneo
- Proveer la evidencia de que los sistemas cumplen con los requisitos del escaneo
- Enviar el reporte oficial *Attestation of Scan Compliance* al banco adquiriente o marca de tarjeta de acuerdo a sus instrucciones
- Retener copias de los registros y reportes de los escaneos por dos (2) años de acuerdo a la norma que rige a los ASVs
- Proveer medios para que el cliente dispute los resultados de los escaneos

Por su parte, el cliente (comercio o proveedor de servicios) que sea escaneado tiene las siguientes responsabilidades:

- Mantener el cumplimiento con el estándar PCI DSS que incluye la seguridad de los sistemas expuestos a internet
- Elegir un ASV de la lista oficial del PCI DSS ubicada en: https://www.pcisecuritystandards.org/assessors_and_solutions/approved_scanning_vendors y solicitar de manera trimestral un escaneo de vulnerabilidades
- Conducir la debida diligencia en el proceso de selección del ASV para asegurarse que la compañía seleccionada tiene la capacidad de llevar a cabo el escaneo de manera solvente y adecuada
- En la medida de lo posible monitorear durante el escaneo los sistemas escaneados así como los dispositivos de seguridad que se vean involucrados (firewalls, IPS, SIEM, etc) para asegurarse que los escaneos son conducidos con el nivel de confianza requerido
- Definir el alcance del escaneo para establecer:
  - Las direcciones IPs y dominios que serán escaneados
  - Contar con la segmentación de red necesaria para las IPs externas excluidas
- Asegurarse que ningún dispositivo interfiera con el escaneo incluyendo:
  - Configurar sistemas de protección activa (Ej. IPS) para que no interrumpan con los escaneos
  - Coordinarse con el ASV en caso que cuente con balanceadores de carga
- Coordinarse con los proveedores de servicio de internet (ISP) para que éstos permitan el escaneo
- Atestar la adecuada selección del alcance del escaneo y justificar cualquier sistema que haya sido excluido del mismo
- Proveero evidencia suficiente y efectiva en caso que se dispute algún hallazgo (Ej. falsos positivos)
- Revisar el reporte del escaneo y remediar cualquier vulnerabilidad detectada
- Solicitar al ASV un re-escaneo de cualquier sistema que haya presentado vulnerabilidades
- Proveer retroalimentación acerca del desempeño del ASV

El escaneo de vulnerabilidades por parte de ASV en el marco del cumplimiento con PCI-DSS es parte integral tanto del AOC como del ROC y está orientado a demostrar que la entidad obligada cumple con el requisito de mantener un programa de gestión de vulnerabilidades técnicas que permite identificar oportunamente aquellas fallas o exposiciones que puedan comprometer los datos de los tarjetahabientes.

Los programas PA-DSS, P2PE y QIR

PA-DSS

Payment Application Data Security Standard (PA-DSS) es la norma que procura la implementación de las mejores prácticas en materia de aplicaciones de pago con tarjeta bancaria. Tiene por propósito primordial ayudar a los fabricantes de software y sistemas relacionados con los pagos electrónicos a desarrollar sistemas seguros, que no comprometan la integridad y confidencialidad de los datos de los tarjetahabientes y que manejen de manera adecuada la información utilizada en las transacciones que realizan.
Aplicabilidad del PA DSS
A diferencia del PCI-DSS, el PA DSS es aplicable únicamente a sistemas de pago de acuerdo a los siguientes criterios:
PA-DSS Aplica para:
- Aplicaciones de pago que son vendidas al público e instaladas "salidas-de-la-caja" sin demasiada personalización requerida por parte del fabricante.
- Aplicaciones de pago entregadas en módulos que usualmente incluye un módulo de base y otros módulos para otros tipos de clientes o funciones adicionales.
- Módulos de pago de aplicaciones provistas por proveedores de servicio siempre y cuando interactúen con los sistemas del comercio
PA-DSS NO Aplica para:
- Aplicaciones de pago provistas por proveedores de aplicaciones (ASPs) o proveedores de servicio en un

modelo tercerizado, a menos que las aplicaciones interactúen con los sistemas del comercio.

- Aplicaciones que no son de pago que estén incluidas en un grupo o suite de aplicaciones

La siguiente tabla ilustra de manera general la aplicabilidad del PA-DSS:

Tipo de Aplicación de Pago	¿Aplica PA-DSS?
Aplicaciones de pago "salidas de la caja" sin demasiada personalización.	**Si**
Software desarrollado en módulos.	**Si** , aplica a cualquier módulo con funciones de pago.
Para terminales de hardware.	**Si** , si la terminal cumple con los requerimientos específicos.
Software desarrollado por proveedores de servicios de aplicación sólo como un servicio.	**No** , al menos que la aplicación sea vendida, licenciada o distribuida por terceras partes.
Aplicación que no procesa pagos pero es parte de una suite de pago.	**No** , tal aplicación puede ser incluida en una revisión PA-DSS pero no es requerida para ser incluida.
Software para un solo cliente (típicamente clientes grandes), desarrollado a sus especificaciones.	**No** , la aplicación es cubierta como parte de las revisiones PCI-DSS del cliente.
Software desarrollado por comercios o proveedores de servicio y usados solamente por ellos.	**No** , la aplicación es cubierta como parte de las revisiones de PCI-DSS del comercio o proveedor de servicios .

Sistemas de apoyo, por ejemplo, sistemas operativos, bases de datos, sistemas back office, firewalls, routers, etc.	**No** , estas no son aplicaciones de pago.

Los requisitos del PA-DSS

El PA-DSS contempla 14 requisitos para proteger los datos de tarjetahabientes:

1. No tener los datos de TRAC, código de verificación de tarjeta o valor (CAV2, CID, CVC2, CVV2) o datos de bloque PIN.
2. Proteger los datos almacenados del titular de la tarjeta.
3. Proporcionar características de autenticación seguras.
4. Registrar la actividad de la aplicación de pago.
5. Desarrollar aplicaciones de pago seguras.
6. Proteger las transmisiones inalámbricas.
7. Probar las aplicaciones de pago para solucionar vulnerabilidades y mantener las actualizaciones de las aplicaciones de pago.
8. Facilitar la implementación segura de la red.
9. Los datos del tarjetahabiente nunca deben almacenarse en un servidor conectado a Internet.
10. Facilitar el acceso remoto seguro a la aplicación de pago.
11. Cifrar el tráfico sensible a través de las redes públicas.
12. Asegure todo el acceso administrativo que no sea de consola.
13. Mantener una Guía de Implementación PA-DSS para clientes, revendedores e integradores.
14. Asignar responsabilidades PA-DSS para el personal, y mantener programas de capacitación para personal, clientes, revendedores e integradores.

El estándar PA-DSS completo se encuentra disponible en el siguiente URL: https://es.pcisecuritystandards.org/_onelink_/pcisecurity/en2es/mini site/en/docs/PA-DSS_v3.pdf

P2PE

Point to Point Encription (P2PE) es el estándar que establece el PCI SSC para validar las soluciones que permitan proteger los datos de tarjeta cuando son transmitidos al cifrar instantáneamente los datos en el punto de originación (terminal de pago) y así evitar que éstos puedan ser interceptados por un atacante cuando son transmitidos a través de redes y sistemas transaccionales.

El estándar establece los lineamientos para validar las soluciones que cumplan con él propósito mencionado de cifrado en origen y cuyo cumplimiento o apego debe ser validado por un "PCI POINT-TO-POINT ENCRYPTION (P2PE)™ ASSESSOR", quien está facultado por el PCI SSC para realizar la verificación del cumplimiento de una solución P2PE, una lista de las entidades autorizadas para realizar la validación se encuentra en el siguiente URL:
https://www.pcisecuritystandards.org/assessors_and_solutions/point _to_point_encryption_assessors

Las soluciones P2PE

Una solución P2PE validada es una que ha sido verificada por un asesor P2PE y que cumple todos los requisitos del estándar P2PE, además de haber sido aceptada y publicada por el PCI SSC en su listado oficial en el siguiente URL: https://www.pcisecuritystandards.org/assessors_and_solutions/point _to_point_encryption_solutions

Una solución P2PE debe incluir todas las características siguientes:

- Cifrado seguro de datos de tarjeta de pago en el punto de interacción (POI) .
- Aplicación P2PE validada en el POI.
- Gestión segura de los dispositivos de encripción y desencripción.
- Gestión del ambiente de desencripción y de todos los datos de la cuenta desencriptados.

- El uso de metodologías de cifrado seguro y operaciones de claves criptográficas incluyendo la generación de claves, distribución, carga, administración y uso.

Los comercios pueden reducir el alcance de PCI-DSS cuando utilizan soluciones P2PE validadas y publicadas por el PCI SSC, sin embargo se recomienda que la implementación de cualquier solución de pago o de cifrado P2PE esté supervisada por un especialista en PCI DSS.

Si un comercio o proveedor de servicio desea implementar una solución P2PE que no esté listada en el portal del PCI SSC, deberá consultar con su banco adquirente o bien directamente con las marcas de tarjeta para obtener orientación.

Programa QIR (Qualified Integrators and Resellers)

El programa QIR establece la certificación para integradores y distribuidores calificados (QIRs). El programa tiene como objetivo calificar a organizaciones en la correcta y segura implementación de sistemas de pago apegados a la normatividadl del PCI SSC.

Los integradores y revendedores son aquellas entidades que venden, instalan, y/o dan servicio de aplicaciones de pago en representación de proveedores de software u otros por quienes deben estar autorizados previamente como distribuidores, implementadores o revendedores y la relación que guardan con el PCI SSC se ilustra en la siguiente gráfica:

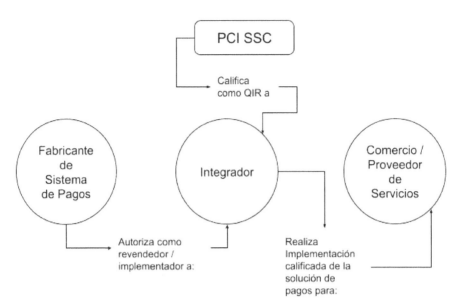

La empresa calificada como QIR debe previamente estar autorizada por el fabricante del sistema de pagos que implementará para tal efecto, el hecho que una empresa sea QIR no le confiere relación o autorización alguna de manera automática con el fabricante.

Las responsabilidades del QIR usualmente incluyen:

- Implementación de la aplicación en el entorno del comerciante / proveedor de servicios.
- La integración de la aplicación en otros programas y sistemas, en su caso.
- Configuración de la aplicación de pago.
- Dar servicio a las aplicaciones de pago (por ejemplo, solución de problemas, actualizaciones remotas y soporte remoto).

Los QIRs juegan un papel importante para asegurar los datos de los tarjetahabientes ya que las aplicaciones de pago normalmente tienen opciones de configuración o instalación que podrían afectar la seguridad y que de no ser correctamente parametrizadas podrían exponer la confidencialidad o integridad de los datos de manera inadvertida.

Algunos de los aspectos o posibles problemas que se pueden presentar en un sistema o aplicación de pagos son:

- El registro de eventos (logs) puede ser una opción configurable total o parcialmente.
- El software puede tener un modo de depuración para solucionar problemas.

26

- El acceso remoto puede ser necesario para proporcionar soporte cuando se producen problemas.

Aún cuando el proveedor de software puede haber desarrollado una aplicación que sea segura, el Integrador/Distribuidor debe garantizar su correcta implementación de manera que se cumpla con el estándar PCI-DSS.

Roles y responsabilidades de PCI (Cadena de Supervisión)

Uno de los tópicos del cual surgen más confusiones es el tema de la supervisión del cumplimiento del estándar PCI-DSS y de cúal es la "cadena" de supervisión y de que entidades requieren de qué pruebas del cumplimiento.

Fundamentalmente PCI DSS al ser un estándar comercial, no involucra, para su supervisión a ninguna entidad gubernamental, siendo las marcas de tarjetas, a través de los bancos adquirientes los responsables de la supervisión de las entidades obligadas, como se ilustra en la gráfica siguiente:

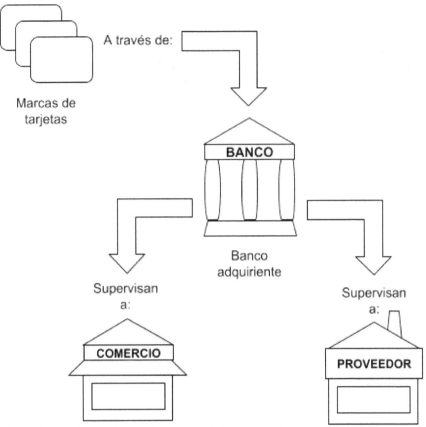

A través de:

BANCO

Marcas de
tarjetas

Banco
adquiriente

Supervisan
a:

Supervisan
a:

COMERCIO

PROVEEDOR

Es así que la cadena de supervisión se origina en las marcas de tarjeta que conforman el PCI SSC sin embargo es importante notar que el PCI SSC en sí mismo como organismo normativo no tiene un rol directo en la supervisión del cumplimiento del estándar, son las marcas a través de sus propios programas de cumplimiento las que supervisan y procuran la adopción del PCI SSC.

En el ecosistema de PCI existen otros actores que por su relación con los comercios y proveedores de servicio pueden tener cierta influencia en lo tocante a la aplicación del estándar y las medidas de seguridad que prescribe, tal puede ser el caso de una corporación que tenga una oficina central o regional cuyas funciones incluyan la supervisión del cumplimiento normativo en cuyo caso las actividades de revisión que realice serían meramente para aseguramiento interno, es decir, carecerán de validez oficial en lo que respecta a la cadena de supervisión de las marcas y sus hallazgos, recomendaciones, acciones correctivas propuestas e incluso posibles sanciones sería solamente válidas dentro de la misma organización.

Responsabilidades de las marcas de Tarjetas de Pago

Las marcas de tarjetas de pago miembros del PCI SSC (American Express, Discover, JCB, MasterCard y Visa) son responsables de:
- El desarrollo y la aplicación de los programas de cumplimiento.
- Las multas o sanciones en caso de incumplimiento.
- Avalar los criterios de calificación de las empresas QSA, PA-QSA y ASV.
- Aceptar la documentación de validación de las compañías QSA, PA- QSA y ASV aprobadas y sus empleados.
- Proporcionar información al Consejo sobre el desempeño de los QSA, PA- QSA, y ASV.
- Investigaciones forenses de datos de cuenta comprometidos.

Responsabilidad es del PCI SSC

Las responsabilidades del Consejo son:
- Mantener la lista de soluciones P2PE validadas.
- Revisión de informes seleccionados (ROC, ROV, P-ROV y reportes de escaneo ASV) para aseguramiento de calidad.
- Ofrecer capacitación para los QSA, PA -QSA, ASV e ISA, QIR y PCIP.
- Ofrecer formación general de concientización del PCI a la comunidad.
- Ofrecer orientación adicional sobre tecnologías específicas como sean necesarias.
- Promover la seguridad de las tarjetas de pago sobre una base global.

Responsabilidades de los comercios y proveedores de servicios

Las responsabilidades son:
- Revisar y entender los estándares de seguridad de PCI.
- Comprender la validación del cumplimiento y requerimientos de reporte definidos por las marcas de tarjetas de pago.
- Validar y reportar el cumplimiento al adquirente o marcas de tarjetas de pago según sea el caso.
- Mantener el cumplimiento continuo, no sólo durante la evaluación.
- Leer e incorporar los comunicados de las marcas de pago, los adquirentes y el PCI SSC durante todo el año.

Responsabilidades de los QSAs

- Validar el alcance de la evaluación. (Ámbito de aplicabilidad de PCI DSS en la entidad obligada)
- Conducir la evaluaciones de PCI-DSS.
- Verificar toda la información técnica proporcionada por el Comercio o Proveedor de Servicio.
- Utilizar un criterio independiente para confirmar que los requisitos de PCI-DSS se hayan alcanzado.
- Estar en sitio durante la ejecución de cualquier procedimiento de evaluación relevante.
- Apegarse a los requerimientos y procedimientos de evaluación de seguridad de PCI-DSS.
- Seleccionar una muestra representativa de las instalaciones del negocio y componentes de sistemas cuando se emplee el muestreo.
- Evaluar los controles compensatorios.
- Producir el informe final de cumplimiento (ROC).

Responsabilidades del ISA

El ISA (Internal Security Assessor) es una figura que permite a las organizaciones contar con un auditor interno que permita asegurar el cumplimiento continuo con el estándar PCI DSS,el ISA no substituye al QSA (salvo en la producción de SAQ y AOC en entidades obligadas menores a nivel 1) sino que lo complementa, al brindar una capa de aseguramiento y supervisión interna y permanente de tal forma que la validación por parte del QSA sea más ágil y precisa.

- Validar el alcance de la evaluación.
- Llevar a cabo evaluaciones de PCI DSS.
- Verificar la información técnica provista por las partes interesadas
- Utilizar un criterio independiente para confirmar que los requisitos se han cumplido.
- Proporcionar apoyo y orientación durante el proceso de cumplimiento.
- Estar en sitio durante la ejecución de cualquier procedimiento de evaluación relevante.
- Revisar el producto de trabajo que soporta los procedimientos de evaluación.
- Apegarse a los requerimientos y procedimientos de evaluación de seguridad de PCI-DSS.
- Seleccionar una muestra representativa de las instalaciones del negocio y componentes de sistemas cuando se emplee el muestreo.
- Evaluar los controles compensatorios.
- Colaborar con el QSA en la validación de PCI DSS
- Firmar junto con el QSA el informe final de cumplimiento (ROC)

Responsabilidades del ASV

- Ejecución de los análisis de vulnerabilidades externos de conformidad con el Requisito 11.2 de PCI-DSS, y otras guías complementarias publicadas por el PCI SSC.

- Hacer esfuerzos razonables para asegurar que los escaneos:
  - No impactan el funcionamiento normal del entorno evaluado.
  - No alteren intencionadamente el entorno del cliente.
- Escanear todos los rangos de IP y dominios proporcionados por el cliente para identificar las direcciones IP activas y servicios.
- Consultar con el cliente para determinar si las direcciones IP encontradas, pero que no fueron suministrados por el cliente deban incluirse.
- Brindar una determinación en cuanto a si los componentes escaneados han pasado los requisitos de análisis.
- Proporcionar la documentación adecuada para demostrar el cumplimiento o el incumplimiento de los componentes del cliente en el escaneo.

Responsabilidades del PA-QSA

- Realizar evaluaciones de la aplicación de pago para los requisitos de validación PA-DSS y PA-QSA.
- Emitir dictámenes sobre el cumplimiento de los requisitos de PA-DSS de las aplicaciones de pago.
- Proporcionar la documentación adecuada dentro del ROV para demostrar que la aplicación de pago cumple con PA-DSS.
- Presentar el ROV al PCI SSC, junto con la Declaración de Validación.
- Firmado por el PA-QSA y el proveedor.
- Mantenimiento de un proceso de aseguramiento de la calidad interna del PA-QSA.

Requisitos de PCI DSS v3.2

Sin tratar de representar un detalle exhaustivo de los requisitos del estándar, a continuación se enlistan los requerimientos para su cumplimiento:

Resumen de Alto Nivel

Desarrolle y mantenga redes y sistemas seguros.	1. Instale y mantenga una configuración de firewall para proteger los datos del titular de la tarjeta.
	2. No usar los valores predeterminados suministrados por el proveedor para las contraseñas del sistema y otros parámetros de seguridad
Proteger los datos del titular de la tarjeta	3. Proteja los datos del titular de la tarjeta que fueron almacenados
	4. Cifrar la transmisión de los datos del titular de la tarjeta en las redes públicas abiertas.
Mantener un programa de administración de vulnerabilidad	5. Proteger todos los sistemas contra malware y actualizar los programas o software antivirus regularmente.
	6. Desarrollar y mantener sistemas y aplicaciones seguros
Implementar medidas sólidas de control de acceso	7. Restringir el acceso a los datos del titular de la tarjeta según la necesidad de saber que tenga la empresa.
	8. Identificar y autenticar el acceso a los componentes del sistema.

	9. Restringir el acceso físico a los datos del titular de la tarjeta.
Supervisar y evaluar las redes con regularidad	10. Rastree y supervise todos los accesos a los recursos de red y a los datos del titular de la tarjeta
	11. Probar periódicamente los sistemas y procesos de seguridad.
Mantener una política de seguridad de información	12. Mantener una política que aborde la seguridad de la información para todo el personal

Los 12 Requisitos

A continuación se enlistan los 12 requisitos del estándar PCI-DSS 3.2 así como sus requisitos específicos, ésta lista es únicamente para referencia del lector y de ninguna manera pretende ser una fuente oficial, la versión oficial de los requisitos generales, específicos así como comentarios de aplicación y evaluación se encuentran en l

1. Instale y mantenga una configuración de firewall para proteger los datos del titular de la tarjeta.

1.1 Establezca e implemente normas de configuración para firewalls y routers que incluyan lo siguiente:

1.1.1 Un proceso formal para aprobar y probar todos los cambios y las conexiones de red en la configuración de los firewalls y los routers

1.1.2 Diagrama de red actual que identifica todas las conexiones entre el entorno de datos de titulares de tarjetas y otras redes, incluso cualquier red inalámbrica.

1.1.3 El diagrama actual que muestra todos los flujos de datos de titulares de tarjetas entre los sistemas y las redes.

1.1.4 Requisitos para tener un firewall en cada conexión a Internet y entre cualquier DMZ (zona desmilitarizada) y la zona de la red interna.

1.1.5 Descripción de grupos, funciones y responsabilidades para la administración de los componentes de la red.

1.1.6 Documentación y justificación de negocio para el uso de todos los servicios, protocolos y puertos permitidos, incluida la documentación de las funciones de seguridad implementadas en aquellos protocolos que se consideran inseguros.

1.1.7 Requisito de la revisión de las normas de firewalls y routers, al menos, cada seis meses.

1.2 Desarrolle configuraciones para firewalls y routers que restrinjan las conexiones entre redes no confiables y cualquier componente del sistema en el entorno de los datos de titulares de tarjetas.

1.2.1 Restrinja el tráfico entrante y saliente a la cantidad necesaria para el entorno de datos de los titulares de tarjetas y niegue específicamente el tráfico restante.

1.2.2 Asegure y sincronice los archivos de configuración de routers.

1.2.3 Instale firewalls de perímetro entre las redes inalámbricas y el entorno de datos del titular de la tarjeta y configure estos firewalls para negar o, si el tráfico es necesario para fines comerciales, permitir solo el tráfico autorizado entre el entorno inalámbrico y el entorno de datos del titular de la tarjeta

1.3 Prohíba el acceso directo público entre Internet y todo componente del sistema en el entorno de datos de los titulares de tarjetas.

1.3.1 Implemente una DMZ (zona desmilitarizada) para limitar el tráfico entrante solo a aquellos componentes del sistema que proporcionan servicios, protocolos y puertos con acceso público autorizado.

1.3.2 Restrinja el tráfico entrante de Internet a las direcciones IP dentro de la DMZ.

1.3.3 Implementar medidas antisuplantación para detectar y bloquear direcciones IP manipuladas a fin de que no ingresen en la red.

(Por ejemplo, bloquear el tráfico proveniente de Internet con una dirección de fuente interna)

1.3.4 No permita que el tráfico saliente no autorizado proveniente del entorno de datos del titular de la tarjeta ingrese en Internet.

1.3.5 Solo permita conexiones "establecidas" en la red.

1.3.6 Coloque los componentes del sistema que almacenan datos del titular de la tarjeta (como una base de datos) en una zona de red interna segregada desde una DMZ (zona desmilitarizada) y otras redes no confiables.

1.3.7 No divulgue direcciones IP privadas ni información de enrutamiento a partes no autorizadas.

1.4 Instale software de firewall personal o una funcionalidad equivalente en todos los dispositivos móviles (de propiedad de la compañía y/o de los trabajadores) que tengan conexión a Internet cuando están fuera de la red (por ejemplo, computadoras portátiles que usan los trabajadores), y que también se usan para acceder al CDE. Las configuraciones de firewall (o equivalente) incluyen:

Se definen los ajustes específicos de configuración.

El firewall personal (o funcionalidad equivalente) está en ejecución activa.

El firewall personal (o una funcionalidad equivalente) no es alterable por los usuarios de los dispositivos informáticos portátiles.

1.5 Asegúrese de que las políticas de seguridad y los procedimientos operativos para administrar los firewalls estén documentados, implementados y que sean de conocimiento para todas las partes afectadas.

2. No usar los valores predeterminados suministrados por el proveedor para las contraseñas del sistema y otros parámetros de seguridad

2.1 Siempre cambie los valores predeterminados por el proveedor y elimine o deshabilite las cuentas predeterminadas innecesarias antes de instalar un sistema en la red.

Esto rige para TODAS las contraseñas predeterminadas, por ejemplo, entre otras, las utilizadas por los sistemas operativos, los software que prestan servicios de seguridad, las cuentas de aplicaciones y sistemas, los terminales de POS (puntos de venta), las aplicación de pago, las cadenas comunitarias de SNMP (protocolo simple de administración de red), etc.

2.1.1 En el caso de entornos inalámbricos que están conectados al entorno de datos del titular de la tarjeta o que transmiten datos del titular de la tarjeta, cambie TODOS los valores predeterminados proporcionados por los proveedores de tecnología inalámbrica al momento de la instalación, incluidas, a modo de ejemplo, las claves de cifrado inalámbricas predeterminadas, las contraseñas y las cadenas comunitarias SNMP (protocolo simple de administración de red).

2.2 Desarrolle normas de configuración para todos los componentes de sistemas. Asegúrese de que estas normas contemplen todas las vulnerabilidades de seguridad conocidas y que concuerden con las normas de alta seguridad de sistema aceptadas en la industria. Entre las fuentes de normas de alta seguridad aceptadas en la industria, se pueden incluir, a modo de ejemplo; Center for Internet Security (CIS), International Organization for Standardization (ISO) , SysAdmin Audit Network Security (SANS) Institute, National Institute of Standards Technology (NIST).

2.2.1 Implemente sólo una función principal por servidor a fin de evitar que coexistan funciones que requieren diferentes niveles de seguridad en el mismo servidor. (Por ejemplo, los servidores web, servidores de base de datos y DNS se deben implementar en servidores separados).

2.2.2 Habilite solo los servicios, protocolos y daemons, etc., necesarios, según lo requiera la función del sistema.

2.2.3 Implementar funciones de seguridad adicionales para los servicios, protocolos o daemons requeridos que no se consideren seguros.

2.2.4 Configure los parámetros de seguridad del sistema para evitar el uso indebido.

2.2.5 Elimine todas las funcionalidades innecesarias, como secuencias de comandos, drivers, funciones, subsistemas, sistemas de archivos y servidores web innecesarios.

2.3 Cifre todo el acceso administrativo que no sea de consola utilizando un cifrado sólido.

2.4 Lleve un inventario de los componentes del sistema que están dentro del alcance de las PCI DSS.

2.5 Asegúrese de que las políticas de seguridad y los procedimientos operativos para administrar los parámetros predeterminados del proveedor y otros parámetros de seguridad estén documentados, implementados y que sean de conocimiento para todas las partes afectadas.

2.6 Los proveedores de hosting compartido deben proteger el entorno y los datos del titular de la tarjeta que aloja la entidad. Estos proveedores deben cumplir requisitos específicos detallados en el Anexo A1: Requisitos adicionales de las DSS de la PCI para los proveedores de servicios de hosting.

3. Proteja los datos del titular de la tarjeta que fueron almacenados

3.1 Almacene la menor cantidad posible de datos del titular de la tarjeta implementando políticas, procedimientos y procesos de retención y eliminación de datos que incluyan, al menos, las siguientes opciones para el almacenamiento de CHD (datos del titular de la tarjeta):

- Limitación del almacenamiento de datos y del tiempo de retención a la cantidad exigida por los requisitos legales, reglamentarios y del negocio
- Requisitos de retención específicos para datos de titulares de tarjetas
- Procesos para eliminar datos de manera cuando ya no se necesiten
- Un proceso trimestral para identificar y eliminar, de manera segura, los datos del titular de la tarjeta almacenados que excedan la retención definida.

3.2 No almacene datos confidenciales de autenticación después de recibir la autorización (aun cuando estén cifrados). Si se reciben datos de autenticación confidenciales, convierta todos los datos en irrecuperables al finalizar el proceso de autorización.

3.2.1 No almacene contenido completo de ninguna pista (de la banda magnética ubicada en el reverso de la tarjeta, datos equivalentes que están en un chip o en cualquier otro dispositivo) después de la autorización. Estos datos se denominan alternativamente, pista completa, pista, pista 1, pista 2 y datos de banda magnética.

3.2.2 No almacene el valor o código de validación de tarjetas (número de tres o cuatro dígitos impreso en el anverso o reverso de una tarjeta de pago que se utiliza para verificar las transacciones de tarjetas ausentes) después de la autorización.

3.2.3 Después de la autorización, no almacene el PIN (número de identificación personal) ni el bloqueo de PIN cifrado.

3.3 Enmascare el PAN (número de cuenta principal) cuando aparezca (los primeros seis o los últimos cuatro dígitos es la cantidad máxima de dígitos que aparecerá), de modo que solo el personal con una necesidad comercial legítima pueda ver más que los primeros seis o los últimos cuatro dígitos del PAN.

3.4 Convierta el PAN (número de cuenta principal) en ilegible en cualquier lugar donde se almacene (incluidos los datos que se almacenen en medios digitales portátiles, en medios de copia de seguridad y en registros) utilizando cualquiera de los siguientes métodos:

- Valores hash de una vía basados en criptografía sólida (el hash debe ser del PAN completo)
- Truncamiento (los valores hash no se pueden usar para reemplazar el segmento truncado del PAN)
- Tokens y ensambladores de índices (los ensambladores se deben almacenar de manera segura).
- Criptografía sólida con procesos y procedimientos asociados para la administración de claves.

   3.4.1 Si se utiliza el cifrado de disco (en lugar de un cifrado de base de datos por archivo o columna), se debe administrar un acceso lógico independiente y por separado de los mecanismos de autenticación y control de acceso del sistema operativo nativo (por ejemplo, no se deben utilizar bases de datos de cuentas de usuarios locales ni credenciales generales de inicio de sesión de la red). Las claves de descifrado no deben estar asociadas con las cuentas de usuarios.

3.5 Documente e implemente procedimientos que protejan las claves utilizadas para proteger los datos del titular de la tarjeta almacenados contra su posible divulgación o uso indebido:

   3.5.1 Requisitos adicionales solo para los proveedores de servicios: Mantenga una descripción documentada de la arquitectura criptográfica que incluye:

   - Detalles de todos los algoritmos, protocolos y claves utilizados para la protección de los datos del titular de la tarjeta, incluidas la complejidad de la clave y la fecha de caducidad

- Descripción del uso de la clave para cada tecla
- Inventario de un HSM SMS y otros SCD utilizados para la gestión de claves

3.5.2 Restrinja el acceso a las claves criptográficas a la menor cantidad de custodios necesarios.

3.5.3 Siempre guarde las claves secretas y privadas utilizadas para cifrar/descifrar los datos del titular de la tarjeta en una (o más) de las siguientes formas:

- Cifradas con una clave de cifrado de claves que sea, al menos, tan sólida como la clave de cifrado de datos y que se almacene separada de la clave de cifrado de datos.
- Dentro de un dispositivo seguro criptográfico (como un HSM [módulo de seguridad de host] o un dispositivo de punto de interacción aprobado para la PTS).
- Como, al menos, dos claves o componentes de la clave completos de acuerdo con los métodos aceptados por la industria.

3.5.4 Guarde las claves criptográficas en la menor cantidad de ubicaciones posibles.

3.6 Documente por completo e implemente todos los procesos y procedimientos de administración de claves de las claves criptográficas que se utilizan para el cifrado de datos del titular de la tarjeta, incluso lo siguiente:

3.6.1 Generación de claves de cifrado sólido

3.6.2 Distribución segura de claves de cifrado

3.6.3 Almacenamiento seguro de claves de cifrado

3.6.4 La clave criptográfica cambia en el caso de las claves que han llegado al final de su período de cifrado (por ejemplo, después que haya transcurrido un período definido y/o después que cierta cantidad de texto cifrado haya sido producido por una clave dada), según lo defina el proveedor de la aplicación relacionada o el responsable de las claves, y basándose en las mejores prácticas y recomendaciones de la industria (por ejemplo, NIST Special Publication 800-57).

3.6.5 Retiro o reemplazo de claves (por ejemplo, mediante archivo, destrucción o revocación) según se considere necesario cuando se haya debilitado la integridad de la clave (por ejemplo, salida de la empresa de un empleado con conocimiento de una clave en texto claro, etc.) o cuando se sospeche que las claves están en riesgo.

3.6.6 Si se usan operaciones manuales de administración de claves criptográficas de texto claro, se deben realizar con control doble y conocimiento dividido.

3.6.7 Prevención de sustitución no autorizada de claves criptográficas.

3.6.8 Requisito para que los custodios de claves criptográficas declaren, formalmente, que comprenden y aceptan su responsabilidad como custodios de claves.

3.7 Asegúrese de que las políticas de seguridad y los procedimientos operativos para proteger los datos del titular de la tarjeta almacenados estén documentados, implementados y que sean de conocimiento para todas las partes afectadas

4. Cifrar la transmisión de los datos del titular de la tarjeta en las redes públicas abiertas.

4.1 Utilizar criptografía sólida y protocolos de seguridad para proteger los datos del titular de la tarjeta confidenciales durante la transmisión por redes públicas abiertas, como por ejemplo, las siguientes:

- Solo se aceptan claves y certificados de confianza.
- El protocolo implementado solo admite configuraciones o versiones seguras.
- La solidez del cifrado es la adecuada para la metodología de cifrado que se utiliza.

    4.1.1 Asegúrese de que las redes inalámbricas que transmiten los datos del titular de la tarjeta o que están conectadas al entorno de datos del titular de la tarjeta utilicen las mejores prácticas de la industria a fin de implementar un cifrado sólido para la transmisión y la autenticación.

4.2 Nunca debe enviar PAN no cifrados por medio de tecnologías de mensajería de usuario final (por ejemplo, el correo electrónico, la mensajería instantánea, SMS, el chat, etc.)

4.3 Asegúrese de que las políticas de seguridad y los procedimientos operativos para cifrar las transmisiones de los datos del titular de la tarjeta estén documentados, implementados y que sean de conocimiento para todas las partes afectadas.

5. Proteger todos los sistemas contra malware y actualizar los programas o software antivirus regularmente.

5.1 Implemente un software antivirus en todos los sistemas que, generalmente, se ven afectados por software malicioso (en especial, computadoras personales y servidores).

> 5.1.1 Asegúrese de que los programas de antivirus puedan detectar y eliminar todos los tipos de software malicioso conocidos y proteger a los sistemas contra estos.
>
> 5.1.2 Para aquellos sistemas que no suelen verse afectados por software maliciosos, lleve a cabo evaluaciones periódicas para identificar y evaluar las amenazas de malware que pueden aparecer a fin de determinar si es necesario o no implementar un software antivirus en dichos sistemas.

5.2 Asegúrese de que los mecanismos de antivirus cumplan con lo siguiente:

- Estén actualizados.
- Ejecuten análisis periódicos.
- Generen registros de auditoría que se guarden de conformidad con el Requisito 10.7 de las PCI DSS.

5.3 Asegúrese de que los mecanismos de antivirus funcionen activamente y que los usuarios no puedan deshabilitarlos ni alterarlos, salvo que estén específicamente autorizados por la gerencia en casos particulares y durante un período limitado.

5.4 Asegúrese de que las políticas de seguridad y los procedimientos operativos que protegen los sistemas estén documentados, implementados y que sean de conocimiento para todas las partes afectadas.

6. Desarrollar y mantener sistemas y aplicaciones seguros

6.1 Establezca un proceso para identificar las vulnerabilidades de seguridad por medio de fuentes externas conocidas para obtener información sobre las vulnerabilidades de seguridad, y asigne una clasificación de riesgo (por ejemplo, "alto", "medio" o "bajo") a las vulnerabilidades de seguridad recientemente descubiertas.

6.2 Asegúrese de que todos los software y componentes del sistema tengan instalados parches de seguridad proporcionados por los proveedores que ofrecen protección contra vulnerabilidades conocidas. Instale los parches importantes de seguridad dentro de un plazo de un mes de su lanzamiento.

6.3 Desarrolle aplicaciones de software internas y externas (incluso acceso administrativo a aplicaciones basado en web) de manera segura y de la siguiente manera:

- De acuerdo con las PCI DSS (por ejemplo, autenticación y registros seguros).
- Basadas en las normas o en las mejores prácticas de la industria.
- Incorporación de seguridad de la información durante todo el ciclo de vida del desarrollo del software.

6.3.1 Elimine las cuentas de desarrollo, de prueba y de aplicaciones personalizadas, las ID de usuario y las contraseñas antes de que las aplicaciones se activen o se pongan a disposición de los clientes.

6.3.2 Revise el código personalizado antes de enviarlo a producción o de ponerlo a disposición de los clientes a fin de identificar posibles vulnerabilidades en la codificación (mediante procesos manuales o automáticos) y que incluya, al menos, lo siguiente:

- La revisión de los cambios en los códigos está a cargo de personas que no hayan creado el código y que tengan conocimiento de técnicas de revisión de código y prácticas de codificación segura.
- Las revisiones de los códigos deben garantizar que el código se desarrolle de acuerdo con las directrices de codificación segura.
- Las correcciones pertinentes se implementan antes del lanzamiento.
- La gerencia revisa y aprueba los resultados de la revisión de códigos antes del lanzamiento.

6.4 Siga los procesos y procedimientos de control de todos los cambios en los componentes del sistema. Los procesos deben incluir lo siguiente:

6.4.1 Separe los entornos de desarrollo/prueba de los entornos de producción y refuerce la separación con controles de acceso.

6.4.2 Separación de funciones entre desarrollo/prueba y entornos de producción

6.4.3 Los datos de producción (PAN activos) no se utilizan para las pruebas ni para el desarrollo

6.4.4 Eliminación de datos y cuentas de los componentes del sistema antes de que se activen los sistemas de producción

6.4.5 Los procedimientos de control de cambios deben incluir lo siguiente:

> 6.4.5.1 Documentación de incidencia.
>
> 6.4.5.2 Aprobación de cambio documentada por las partes autorizadas.
>
> 6.4.5.3 Verifique que se hayan realizado las pruebas de funcionalidad y que el cambio no impacte negativamente en la seguridad del sistema.
>
> 6.4.5.4 Procedimientos de desinstalación.

6.4.6 Al término de un cambio significativo, deben implementarse todos los requisitos pertinentes de la PCI DSS en todos los sistemas y redes nuevos o modificados, y la documentación actualizada según sea el caso.

6.5 Aborde las vulnerabilidades de codificación comunes en los procesos de desarrollo de software de la siguiente manera:

- Capacite a los desarrolladores, por lo menos anualmente, en las técnicas actualizadas de codificación segura, incluida la forma de evitar las vulnerabilidades de codificación comunes.

- Desarrolle aplicaciones basadas en directrices de codificación seguras.

6.5.1 Errores de inyección, en especial, errores de inyección SQL. También considere los errores de inyección de comandos de OS, LDAP y Xpath, así como otros errores de inyección.

6.5.2 Desbordamiento de buffer

6.5.3 Almacenamiento cifrado inseguro

6.5.4 Comunicaciones inseguras

6.5.5 Manejo inadecuado de errores

6.5.6 Todas las vulnerabilidades de "alto riesgo" detectadas en el proceso de identificación de vulnerabilidades (según lo definido en el Requisito 6.1 de las PCI DSS).

6.5.7 Lenguaje de comandos entre distintos sitios (XSS)

6.5.8 Control de acceso inapropiado (como referencias no seguras a objetos directos, no restricción de acceso a URL y exposición completa de los directorios, y la no restricción de acceso a las funciones por parte de los usuarios).

6.5.9 Falsificación de solicitudes entre distintos sitios (CSRF)

6.5.10 Autenticación y administración de sesión interrumpidas

6.6 En el caso de aplicaciones web públicas, trate las nuevas amenazas y vulnerabilidades continuamente y asegúrese de que estas aplicaciones se protejan contra ataques conocidos con alguno de los siguientes métodos:

- Controlar las aplicaciones web públicas mediante herramientas o métodos de evaluación de seguridad de vulnerabilidad de aplicación automáticas o manuales, por lo menos, anualmente y después de cada cambio
- Instalación de una solución técnica automática que detecte y prevenga ataques web (por ejemplo, firewall de aplicación web) delante de aplicaciones web públicas a fin de controlar el tráfico continuamente.

6.7 Asegúrese de que las políticas de seguridad y los procedimientos operativos para desarrollar y mantener seguros los sistemas y las aplicaciones estén documentados, implementados y que sean de conocimiento para todas las partes afectadas.

7. Restringir el acceso a los datos del titular de la tarjeta según la necesidad de saber que tenga la empresa.

7.1 Limite el acceso a los componentes del sistema y a los datos del titular de la tarjeta a aquellos individuos cuyas tareas necesitan de ese acceso.

7.1.1 Defina las necesidades de acceso de cada función, incluso lo siguiente:

- Los componentes del sistema y los recursos de datos que necesita cada función para acceder a fin de realizar su trabajo.
- Nivel de privilegio necesario (por ejemplo, usuario, administrador, etc.) para acceder a los recursos.

7.1.2 Limite el acceso de usuarios con ID privilegiadas a la menor cantidad de privilegios necesarios para llevar a cabo las responsabilidades del trabajo.

7.1.3 Asigne el acceso según la tarea, la clasificación y la función del personal.

7.1.4 Solicite la aprobación documentada de las partes autorizadas en la que se especifiquen los privilegios necesarios.

7.2 Establezca un sistema de control de acceso para los componentes del sistema que restrinja el acceso según la necesidad del usuario de conocer y que se configure para "negar todo", salvo que se permita específicamente. Este sistema de control de acceso debe incluir lo siguiente:

7.2.1 Cobertura de todos los componentes del sistema

7.2.2 La asignación de privilegios a una persona se basa en la clasificación del trabajo y su función.

7.2.3 Configuración predeterminada de "negar todos".

7.3 Asegúrese de que las políticas de seguridad y los procedimientos operativos para restringir el acceso a los datos del titular de la tarjeta estén documentados, implementados y que sean de conocimiento para todas las partes afectadas.

8. Identificar y autenticar el acceso a los componentes del sistema.

8.1 Defina e implemente políticas y procedimientos para garantizar la correcta administración de la identificación de usuarios para usuarios no consumidores y administradores en todos los componentes del sistema de la siguiente manera:

8.1.1 Asigne a todos los usuarios una ID exclusiva antes de permitirles acceder a los componentes del sistema o a los datos del titular de la tarjeta.

8.1.2 Controle la incorporación, la eliminación y la modificación de las ID de usuario, las credenciales y otros objetos de identificación.

8.1.3 Cancele de inmediato el acceso a cualquier usuario cesante.

8.1.4 Elimine o inhabilite las cuentas de usuario inactivas, al menos, cada 90 días.

8.1.5 Administre las ID que usan los terceros para acceder, respaldar o mantener los componentes del sistema de manera remota de la siguiente manera:

- Se deben habilitar solamente durante el tiempo que se necesitan e inhabilitar cuando no se usan.
- Se deben monitorear mientras se usan.

8.1.6 Limite los intentos de acceso repetidos mediante el bloqueo de la ID de usuario después de más de seis intentos.

8.1.7 Establezca la duración del bloqueo a un mínimo de 30 minutos o hasta que el administrador habilite la ID del usuario.

8.1.8 Si alguna sesión estuvo inactiva durante más de 15 minutos, solicite al usuario que vuelva a escribir la contraseña para activar la terminal o la sesión nuevamente.

8.2 Además de asignar una ID exclusiva, asegúrese de que haya una correcta administración de autenticación de usuarios para usuarios no consumidores y administradores en todos los componentes del sistema y que se use, al menos, uno de los siguientes métodos para autenticar todos los usuarios:

- Algo que el usuario sepa, como una contraseña o frase de seguridad
- Algo que el usuario tenga, como un dispositivo token o una tarjeta inteligente
- Algo que el usuario sea, como un rasgo biométrico.

8.2.1 Deje ilegibles todas las credenciales de autenticación (como contraseñas/frases) durante la transmisión y el almacenamiento en todos los componentes del sistema mediante una criptografía sólida.

8.2.2 Verifique la identidad del usuario antes de modificar alguna credencial de autenticación, por ejemplo, restablezca la contraseña, entregue nuevos tokens o genere nuevas claves.

8.2.3 Las contraseñas/frases deben tener lo siguiente:

- Una longitud mínima de siete caracteres.
- Combinación de caracteres numéricos y alfabéticos.

De manera alternativa, la contraseña/frase debe tener una complejidad y una solidez, al menos, equivalente a los parámetros que se especifican anteriormente.

8.2.4 Cambie la contraseña/frase de usuario, al menos, cada 90 días.

8.2.5 No permita que una persona envíe una contraseña/frase nueva que sea igual a cualquiera de las últimas cuatro contraseñas/frases utilizadas.

8.2.6 Configure la primera contraseña/frase y las restablecidas en un valor único para cada usuario y cámbiela de inmediato después del primer uso.

8.3 Asegure todo el acceso administrativo individual que no sea de consola y todo el acceso remoto al CDE mediante la autenticación de múltiples factores.

8.3.1 Incorporar la autenticación de múltiples factores para todo acceso que no sea de consola en el CDE para el personal con acceso administrativo.

8.3.2 Incorpore la autenticación de múltiples factores para todo acceso remoto que se origine desde fuera de la red de la entidad (tanto para usuarios como administradores, e incluso para todos los terceros involucrados en el soporte o mantenimiento).

8.4 Documente y comunique los procedimientos y las políticas de autenticación a todos los usuarios, que incluye lo siguiente:

- Lineamientos sobre cómo seleccionar credenciales de autenticación sólidas.
- Lineamientos sobre cómo los usuarios deben proteger las credenciales de autenticación.
- Instrucciones para no seleccionar contraseñas utilizadas anteriormente.
- Instrucciones para cambiar contraseñas si se sospecha que la contraseña corre riesgos.

8.5 No use ID ni contraseñas de grupo, compartidas ni genéricas, ni otros métodos de autenticación de la siguiente manera:

- Las ID de usuario genéricas se deben desactivar o eliminar.
- No existen ID de usuario compartidas para realizar actividades de administración del sistema y demás funciones críticas.
- Las ID de usuario compartidas y genéricas no se utilizan para administrar componentes del sistema.

8.5.1 Requisitos adicionales solo para los proveedores de servicios: Los proveedores de servicios que tengan acceso a las instalaciones del cliente (por ejemplo, para tareas de soporte de los sistemas de POS o de los servidores) deben usar una credencial de autenticación exclusiva (como una contraseña/frase) para cada cliente.

8.6 Si se utilizan otros mecanismos de autenticación (por ejemplo, tokens de seguridad físicos o lógicos, tarjetas inteligentes, certificados, etc.), el uso de estos mecanismos se debe asignar de la siguiente manera:

- Los mecanismos de autenticación se deben asignar a una sola cuenta y no compartirlos entre varias.
- Se deben implementar controles físicos y lógicos para garantizar que solo la cuenta deseada usa esos mecanismos para acceder.

8.7 Se restringen todos los accesos a cualquier base de datos que contenga datos del titular de la tarjeta (que incluye acceso por parte de aplicaciones, administradores y todos los otros usuarios) de la siguiente manera:

- Todo acceso, consultas y acciones de usuario en las bases de datos se realizan, únicamente, mediante métodos programáticos.
- Solo los administradores de la base de datos pueden acceder directamente a las bases de datos o realizar consultas en estas.
- Solo las aplicaciones pueden usar las ID de aplicaciones para las aplicaciones de base de datos (no las pueden usar los usuarios ni otros procesos que no pertenezcan a la aplicación).

8.8 Asegúrese de que las políticas de seguridad y los procedimientos operativos de identificación y autenticación estén documentados, implementados y que sean de conocimiento para todas las partes afectadas.

9. Restringir el acceso físico a los datos del titular de la tarjeta.

9.1 Utilice controles de entrada a la empresa apropiados para limitar y supervisar el acceso físico a los sistemas en el entorno de datos del titular de la tarjeta.

9.1.1 Utilice cámaras de video u otros mecanismos de control de acceso (o ambos) para supervisar el acceso físico de personas a áreas confidenciales. Revise los datos recopilados y correlaciónelos con otras entradas. Guárdelos durante al menos tres meses, a menos que la ley estipule lo contrario.

9.1.2 Implemente controles físicos o lógicos para restringir el acceso a conexiones de red de acceso público.

9.1.3 Limite el acceso físico a los puntos de acceso inalámbricos, gateways, dispositivos manuales, hardware de redes o comunicaciones y líneas de telecomunicaciones.

9.2 Desarrolle procedimientos que permitan distinguir, fácilmente, a los empleados y a los visitantes, de la siguiente manera:

- Identificar empleados o visitantes nuevos (por ejemplo, mediante la asignación de placas).
- Cambios en los requisitos de acceso.
- Revocar las identificaciones de empleados cesantes y las identificaciones vencidas de visitantes (p. ej., placas de identificación).

9.3 Controle el acceso físico de los empleados a las áreas confidenciales de la siguiente manera:

- El acceso se debe autorizar y basar en el trabajo de cada persona.
- El acceso se debe cancelar inmediatamente después de finalizar el trabajo, y todos los mecanismos de acceso físico, como claves, tarjetas de acceso, se deben devolver o desactivar.

9.4 Implemente procedimientos para identificar y autorizar a los visitantes.

Los procedimientos deben incluir lo siguiente:

9.4.1 Los visitantes reciben autorización antes de ingresar en las áreas de procesamiento o almacenamiento de los datos del titular de la tarjeta y estarán acompañados en todo momento.

9.4.2 Se identifican los visitantes y se les entrega una placa u otro elemento de identificación con fecha de vencimiento y que permite diferenciar claramente entre empleados y visitantes.

9.4.3 Los visitantes deben entregar la placa o la identificación antes de salir de las instalaciones o al momento del vencimiento.

9.4.4 Se usa un registro de visitantes para llevar una pista de auditoría física de la actividad de los visitantes en las instalaciones, en las salas de informática y en los centros de datos donde se almacenan o se transmiten los datos del titular de la tarjeta. Documente el nombre del visitante, la empresa a la que representa y el empleado que autoriza el acceso físico en el registro. Conserve este registro durante tres meses como mínimo, a menos que la ley estipule lo contrario.

9.5 Proteja físicamente todos los medios.

9.5.1 Almacene los medios de copias de seguridad en un lugar seguro, preferentemente, en un lugar externo a la empresa, como un centro alternativo o para copias de seguridad, o en un centro de almacenamiento comercial. Revise la seguridad de dicho lugar una vez al año como mínimo.

9.6 Lleve un control estricto de la distribución interna o externa de todos los tipos de medios y realice lo siguiente:

9.6.1 Clasifique los medios para poder determinar la confidencialidad de los datos.

9.6.2 Envíe los medios por correo seguro u otro método de envío que se pueda rastrear con precisión.

9.6.3 Asegúrese de que la gerencia apruebe todos y cada uno de los medios que se trasladen desde un área segura (incluso, cuando se distribuyen los medios a personas).

9.7 Lleve un control estricto del almacenamiento y la accesibilidad de los medios.

9.7.1 Lleve un registro detallado del inventario de todos los medios y lleve a cabo inventarios de los medios, al menos, una vez al año.

9.8 Destruya los medios cuando ya no sea necesario guardarlos por motivos comerciales o legales de la siguiente manera:

9.8.1 Corte en tiras, incinere o convierta en pulpa los materiales de copias en papel para que no se puedan reconstruir los datos del titular de la tarjeta. Proteja los contenedores de almacenamiento destinados a los materiales que se destruirán.

9.8.2 Controle que los datos del titular de la tarjeta guardados en medios electrónicos sean irrecuperables para que no se puedan reconstruir.

9.9 Proteja los dispositivos que capturan datos de tarjetas de pago mediante la interacción física directa con la tarjeta para proporcionar protección contra alteraciones y sustituciones.

9.9.1 Lleve una lista actualizada de los dispositivos. La lista debe incluir lo siguiente:

- Marca y modelo del dispositivo
- Ubicación del dispositivo (por ejemplo, la dirección de la empresa o de la instalación donde se encuentra el dispositivo)

- Número de serie del dispositivo u otro método de identificación única

9.9.2 Inspeccione periódicamente la superficie de los dispositivos para detectar alteraciones (por ejemplo, incorporación de componentes de duplicación de datos en el dispositivo) o sustituciones (por ejemplo, controle el número de serie u otras características del dispositivo para verificar que no se haya cambiado por un dispositivo fraudulento).

9.9.3 Capacite al personal para que detecten indicios de alteración o sustitución en los dispositivos. La capacitación debe abarcar lo siguiente:

- Verificar la identidad de personas externas que dicen ser personal técnico o de mantenimiento antes de autorizarlos a acceder y modificar un dispositivo o solucionar algún problema.
- No instalar, cambiar ni devolver dispositivos sin verificación.
- Estar atentos a comportamientos sospechosos cerca del dispositivo (por ejemplo, personas desconocidas que intentan desconectar o abrir el dispositivo).
- Informar al personal correspondiente sobre comportamientos sospechosos e indicios de alteración o sustitución de dispositivos (por ejemplo, a un gerente o encargado de seguridad).

9.10 Asegúrese de que las políticas de seguridad y los procedimientos operativos para restringir el acceso físico a los datos del titular de la tarjeta estén documentados, implementados y que sean de conocimiento para todas las partes afectadas.

10. Rastree y supervise todos los accesos a los recursos de red y a los datos del titular de la tarjeta

10.1 Implemente pistas de auditoría para vincular todo acceso a componentes del sistema con usuarios específicos.

10.2 Implemente pistas de auditoría automáticas en todos los componentes del sistema a fin de reconstruir los siguientes eventos:

10.2.1 Todo acceso por parte de usuarios a los datos del titular de la tarjeta.

10.2.2 Todas las acciones realizadas por personas con privilegios de raíz o administrativos

10.2.3 Acceso a todas las pistas de auditoría

10.2.4 Intentos de acceso lógico no válidos

10.2.5 Uso y cambios de los mecanismos de identificación y autenticación, incluidos, entre otros, la creación de nuevas cuentas y el aumento de privilegios, y de todos los cambios, incorporaciones y eliminaciones de las cuentas con privilegios administrativos o de raíz.

10.2.6 Inicialización, detención o pausa de los registros de auditoría

10.2.7 Creación y eliminación de objetos en el nivel del sistema

10.3 Registre, al menos, las siguientes entradas de pistas de auditoría de los componentes del sistema para cada evento:

10.3.1 Identificación de usuarios 10.3.2 Tipo de evento

10.3.3 Fecha y hora

10.3.4 Indicación de éxito o fallo 10.3.5 Origen del evento

10.3.6 Identidad o nombre de los datos, componentes del sistema o recursos afectados.

10.4 Utilizando tecnología de sincronización, sincronice todos tiempos y relojes críticos y asegúrese de que lo siguiente sea implementado para adquirir, distribuir y almacenar tiempos.

10.4.1 Los sistemas críticos tienen un horario uniforme y correcto.

10.4.2 Los datos de tiempo están protegidos.

10.4.3 Los parámetros de la hora se reciben de fuentes aceptadas por la industria.

10.5 Proteja las pistas de auditoría para que no se puedan modificar.

10.5.1 Limite la visualización de las pistas de auditoría a quienes lo necesiten por motivos laborales.

10.5.2 Proteja los archivos de las pistas de auditoría contra modificaciones no autorizadas.

10.5.3 Realice copias de seguridad de los archivos de las pistas de auditoría de manera oportuna en medios o servidores de registros centralizados que sean difíciles de modificar.

10.5.4 Elabore registros para tecnologías externas en un dispositivo de medios o un servidor de registros interno, seguro y centralizado.

10.5.5 Utilice el software de supervisión de integridad de archivos o de detección de cambios en registros para asegurarse de que los datos de los registros existentes no se puedan cambiar sin que se generen alertas (aunque el hecho de agregar nuevos datos no deba generar una alerta).

10.6 Revise los registros y los eventos de seguridad en todos los componentes del sistema para identificar anomalías o actividades sospechosas.

10.6.1 Revise las siguientes opciones, al menos, una vez al día:

- Todos los eventos de seguridad.
- Registros de todos los componentes del sistema que almacenan, procesan o transmiten CHD y/o SAD
- Registros de todos los componentes críticos del sistema.
- Registros de todos los servidores y componentes del sistema que realizan funciones de seguridad (por ejemplo, firewalls, IDS/IPS [sistemas de intrusión-detección y sistemas de intrusión-prevención], servidores de autenticación, servidores de redireccionamiento de comercio electrónico, etc.).

10.6.2 Revise los registros de todos los demás componentes del sistema periódicamente, de conformidad con la política y la estrategia de gestión de riesgos de la organización y según lo especificado en la evaluación anual de riesgos de la organización.

10.6.3 Realice un seguimiento de las excepciones y anomalías detectadas en el proceso de revisión.

10.7 Conserve el historial de pistas de auditorías durante, al menos, un año, con un mínimo de disponibilidad para análisis de tres meses (por ejemplo, en línea, archivados o recuperables para la realización de copias de seguridad).

10.8 Requisitos adicionales solo para los proveedores de servicios: Implementar un proceso para la detección oportuna y la presentación de informes de fallas de los sistemas críticos de control de seguridad, incluido pero no limitado a la falla de:

- Firewalls
- I DS/IPS
- FIM
- Antivirus
- Controles de acceso físicos

- Controles de acceso lógico
- Mecanismos de registro de auditoría
- Controles de segmentación (si se utilizan)

10.8.1 Requisitos adicionales solo para los proveedores de servicios: Responder a las fallas de los controles de seguridad críticos en el momento oportuno. Los procesos para responder en caso de fallas en el control de seguridad son los siguientes:

- Restaurar las funciones de seguridad
- Identificar y documentar la duración (fecha y hora de inicio a fin) de la falla de seguridad
- Identificar y documentar las causas de la falla, incluida la causa raíz, y documentar la remediación requerida para abordar la causa raíz
- Identificar y abordar cualquier problema de seguridad que surja durante la falla del control de seguridad.
- Realizar una evaluación de riesgos para determinar si se requieren más acciones como resultado de la falla de seguridad
- Implementar controles para prevenir que se vuelva a producir la causa de la falla
- Reanudar la supervisión de los controles de seguridad

10.9 Asegúrese de que las políticas de seguridad y los procedimientos operativos para monitorear todos los accesos a los recursos de la red y a los datos del titular de la tarjeta estén documentados, implementados y que sean de conocimiento para todas las partes afectadas.

11. Probar periódicamente los sistemas y procesos de seguridad.

11.1 Implemente procesos para determinar la presencia de puntos de acceso inalámbrico (802.11), detecte e identifique, trimestralmente, todos los puntos de acceso inalámbricos autorizados y no autorizados.

11.1.1 Lleve un inventario de los puntos de acceso inalámbricos autorizados que incluyan una justificación comercial documentada.

11.1.2 Implemente procedimientos de respuesta a incidentes en caso de que se detecten puntos de acceso inalámbricos no autorizados.

11.2 Realice análisis internos y externos de las vulnerabilidades de la red, al menos, trimestralmente y después de cada cambio significativo en la red (como por ejemplo, la instalación de nuevos componentes del sistema, cambios en la topología de la red, modificaciones en las normas de firewall, actualizaciones de productos).

11.2.1 Realice análisis interno de vulnerabilidades trimestralmente. Aborde las vulnerabilidades y realice redigitalizaciones para verificar que todas las vulnerabilidades de "alto riesgo" se resuelven de acuerdo con la clasificación de la vulnerabilidad de la entidad (según el Requisito 6.1). Los análisis deben estar a cargo de personal calificado.

11.2.2 Los análisis trimestrales de vulnerabilidades externas deben estar a cargo de un ASV (proveedor aprobado de escaneo) que esté certificado por el PCI SSC (PCI Security Standards Council). Vuelva a realizar los análisis cuantas veces sea necesario hasta que todos los análisis estén aprobados.

11.2.3 Lleve a cabo análisis internos y externos, y repítalos, según sea necesario, después de realizar un cambio significativo. Los análisis deben estar a cargo de personal calificado.

11.3 Implemente una metodología para las pruebas de penetración que incluya lo siguiente:

- Esté basada en los enfoques de pruebas de penetración aceptados por la industria (por ejemplo, NIST SP800- 115).
- Incluya cobertura de todo el perímetro del CDE (entorno de datos del titular de la tarjeta) y de los sistemas críticos.
- Incluya pruebas del entorno interno y externo de la red.
- Incluya pruebas para validar cualquier segmentación y controles de reducción del alcance.
- Defina las pruebas de penetración de la capa de la aplicación para que incluyan, al menos, las vulnerabilidades enumeradas en el Requisito 6.5.
- Defina las pruebas de penetración de la capa de la red para que incluyan los componentes que admiten las funciones de red y los sistemas operativos.
- Incluya la revisión y evaluación de las amenazas y vulnerabilidades ocurridas en los últimos 12 meses.

- Especifique la retención de los resultados de las pruebas de penetración y los resultados de las actividades de corrección.

11.3.1 Lleve a cabo pruebas de penetración externas, al menos, una vez al año y después de implementar una actualización o modificación significativa en las infraestructuras o aplicaciones (como por ejemplo, actualizar el sistema operativo, agregar una subred o un servidor web al entorno).

11.3.2 Lleve a cabo pruebas de penetración internas, al menos, una vez al año y después de implementar una actualización o modificación significativa en las infraestructuras o aplicaciones (como por ejemplo, actualizar el sistema operativo, agregar una subred o un servidor web al entorno).

11.3.3 Las vulnerabilidades de seguridad detectadas en las pruebas de penetración se corrigen, y las pruebas se repiten para verificar las correccion

11.3.4 Si se usa la segmentación para aislar el CDE (entorno de datos del titular de la tarjeta) de otras redes, realice pruebas de penetración, al menos, una vez al año y después de implementar cambios en los métodos o controles de seguridad

> 11.3.4.1 Requisitos adicionales solo para los proveedores de servicios: Si se utiliza la segmentación, confirme el alcance de la PCI DSS al realizar pruebas de penetración en los controles de segmentación al menos cada seis meses, y después de cualquier cambio a los controles/métodos de segmentación.

11.4 Use técnicas de intrusión-detección y de intrusión-prevención para detectar o prevenir intrusiones en la red. Monitoree todo el tráfico presente en el perímetro del entorno de datos del titular de la tarjeta y en los puntos críticos del entorno de datos del titular de la tarjeta, y alerte al personal ante la sospecha de riesgos.

Mantenga actualizados todos los motores de intrusión-detección y de prevención, las bases y firmas.

11.5 Implemente un mecanismo de detección de cambios (por ejemplo, herramientas de supervisión de integridad de archivos) para alertar al personal sobre modificaciones (incluyendo cambios, adiciones y eliminaciones) no autorizadas de archivos críticos del sistema, de archivos de configuración o de contenido, y configure el software para realizar comparaciones de archivos críticos, al menos, una vez por semana.

> 11.5.1 Implemente un proceso para responder a las alertas que genera la solución de detección de cambios.

11.6 Asegúrese de que las políticas de seguridad y los procedimientos operativos para monitorear y comprobar la seguridad estén documentados, implementados y que sean de conocimiento para todas las partes afectadas.

12. Mantener una política que aborde la seguridad de la información para todo el personal

12.1 Establezca, publique, mantenga y distribuya una política de seguridad.

> 12.1.1 Revise la política de seguridad, al menos, una vez al año y actualícela cuando se realicen cambios en el entorno.

12.2 Implemente un proceso de evaluación de riesgos que cumpla con lo siguiente:

- Se realiza, al menos, una vez al año y después de implementar cambios significativos en el entorno (por ejemplo, adquisiciones, fusiones o reubicaciones, etc.).
- Identifica activos críticos, amenazas y vulnerabilidades.
- Los resultados en un análisis formal y documentado de riesgo.

12.3 Desarrolle políticas de uso para las tecnologías críticas y defina cómo usarlas correctamente.

> 12.3.1 Aprobación explícita de las partes autorizadas
>
> 12.3.2 Autenticación para el uso de la tecnología
>
> 12.3.3 Lista de todos los dispositivos y el personal que tenga acceso
>
> 12.3.4 Método para determinar, con exactitud y rapidez, el propietario, la información de contacto y el objetivo (por ejemplo, etiquetado, codificación o inventario de dispositivos).
>
> 12.3.5 Usos aceptables de la tecnología 12.3.6 Ubicaciones aceptables de las
>
> tecnologías en la red
>
> 12.3.7 Lista de productos aprobados por la empresa

12.3.8 Desconexión automática de sesiones para tecnologías de acceso remoto después de un período específico de inactividad

12.3.9 Activación de las tecnologías de acceso remoto para proveedores y socios de negocio sólo cuando sea necesario, con desactivación inmediata después de su uso

12.3.10 En el caso del personal que tiene acceso a los datos del titular de la tarjeta mediante tecnologías de acceso remoto, prohíba copiar, mover y almacenar los datos del titular de la tarjeta en unidades de disco locales y en dispositivos electrónicos extraíbles, a menos que sea autorizado explícitamente para una necesidad comercial definida.

Si existe una necesidad comercial autorizada, las políticas de uso deben disponer la protección de los datos de conformidad con los requisitos correspondientes de las PCI DSS.

12.4 Asegúrese de que las políticas y los procedimientos de seguridad definan, claramente, las responsabilidades de seguridad de la información de todo el personal.

12.4.1 Requisitos adicionales solo para los proveedores de servicios: La gerencia ejecutiva deberá establecer la responsabilidad de la protección de los datos del titular de la tarjeta y un programa de cumplimiento de la PCI DSS para incluir:

- Responsabilidad general de mantener el cumplimiento de la PCI DSS
- Definir un estatuto para el programa de cumplimiento de la PCI DSS y la comunicación a la gerencia ejecutiva

12.5 Asigne a una persona o a un equipo las siguientes responsabilidades de administración de seguridad de la información:

12.5.1 Establezca, documente y distribuya las políticas y los procedimientos de seguridad.

12.5.2 Monitoree y analice las alertas y la información de seguridad y comuníquelas al personal correspondiente.

12.5.3 Establezca, documente y distribuya los procedimientos de escalamiento y respuesta ante incidentes de seguridad para garantizar un manejo oportuno y efectivo de todas las situaciones.

12.5.4 Administre las cuentas de usuario, incluso las incorporaciones, eliminaciones y modificaciones.

12.5.5 Monitoree y controle todo acceso a los datos.

12.6 Implemente un programa formal de concienciación sobre seguridad para que todo el personal tome conciencia de la importancia de la seguridad de los datos del titular de la tarjeta.

12.6.1 Capacite al personal inmediatamente después de contratarlo y, al menos, una vez al año.

12.6.2 Exija al personal que realice, al menos, una vez al año, una declaración de que leyeron y entendieron la política y los procedimientos de seguridad de la empresa.

12.7 Examine al personal potencial antes de contratarlo a fin de minimizar el riesgo de ataques desde fuentes internas. (Entre los ejemplos de verificaciones de antecedentes se incluyen el historial de empleo, registro de antecedentes penales, historial crediticio y verificación de referencias).

12.8 Mantenga e implemente políticas y procedimientos para administrar los proveedores de servicios con quienes se compartirán datos del titular de la tarjeta, o que podrían afectar la seguridad de los datos del titular de la tarjeta de la siguiente manera:

12.8.1 Mantener una lista de proveedores de servicios, incluida una descripción del servicio prestado.

12.8.2 Mantenga un acuerdo por escrito en el que los proveedores de servicios aceptan responsabilizarse de la seguridad de los datos del titular de la tarjeta que ellos poseen, almacenan, procesan o transmiten en nombre del cliente, o en la medida en que puedan afectar la seguridad del entorno de datos del titular de la tarjeta del cliente.

12.8.3 Asegúrese de que exista un proceso establecido para comprometer a los proveedores de servicios, que incluya una auditoría adecuada previa al compromiso.

12.8.4 Mantenga un programa para monitorear el estado de cumplimiento de las PCI DSS por parte del proveedor de servicios.

12.8.5 Conserve información sobre cuáles son los requisitos de las PCI DSS que administra cada proveedor de servicios y cuáles administra la entidad.

12.9 Requisitos adicionales solo para los proveedores de servicios: Los proveedores de servicios aceptan, por escrito y ante los clientes, responsabilizarse de la seguridad de los datos del titular de la tarjeta que ellos poseen, almacenan, procesan o transmiten en nombre del cliente, o en la medida en que puedan afectar la seguridad del entorno de datos del titular de la tarjeta del cliente.

12.10 Implemente un plan de respuesta ante incidentes. Prepárese para responder de inmediato ante un fallo en el sistema.

12.10.1 Desarrolle el plan de respuesta ante incidentes que se implementará en caso de que ocurra una falla del sistema. Asegúrese de que el plan aborde, como mínimo, lo siguiente:

- Roles, responsabilidades y estrategias de comunicación y contacto en caso de un riesgo que incluya, como mínimo, la notificación de las marcas de pago.
- Procedimientos específicos de respuesta a incidentes.
- Procedimientos de recuperación y continuidad comercial.
- Procesos de copia de seguridad de datos.
- Análisis de los requisitos legales para el informe de riesgos.
- Cobertura y respuestas de todos los componentes críticos del sistema.
- Referencia o inclusión de procedimientos de respuesta ante incidentes de las marcas de pago.

12.10.2 Revise y pruebe el plan, incluidos todos los elementos enumerados en el Requisito 12.10.1, al menos anualmente.

12.10.3 Designe a personal específico para que esté disponible las 24 horas al día, los 7 días de la semana para responder a las alertas.

12.10.4 Capacite adecuadamente al personal sobre las responsabilidades de respuesta ante fallas de seguridad.

12.10.5 Incluya alertas de los sistemas de supervisión de seguridad, que incluye, entre otros, sistemas de intrusión-detección y de intrusión-prevención, firewalls y sistemas de supervisión de integridad de archivos.

12.10.6 Elabore un proceso para modificar y desarrollar el plan de respuesta ante incidentes según las lecciones aprendidas e incorporar los desarrollos de la industria.

12.11 Requisitos adicionales solo para los proveedores de servicios: Realizar revisiones al menos trimestralmente para confirmar que el personal sigue las políticas de seguridad y los procedimientos operativos. Las revisiones deben cubrir los siguientes procesos:

- Revisiones del registro diario
- Revisiones del conjunto de reglas de
- firewall
- La aplicación de las normas de configuración a los nuevos sistemas
- Respuesta a las alertas de seguridad
- Procesos de gestión del cambio

  12.11.1 Requisitos adicionales solo para los proveedores de servicios: Mantener la documentación del proceso de revisión trimestral para incluir:

  - Documentar los resultados de las revisiones
  - Revisión y cierre de los resultados por el personal asignado a la responsabilidad del programa de cumplimiento de la PCI DSS

El estándar detallado así como las guias de cumplimiento estan disponibles en el siguiente URL: https://www.pcisecuritystandards.org/document_library

Implementación de PCI DSS mediante el acercamiento priorizado

La implantación del estándar PCI DSS rara vez ocurre desde cero, es decir en una organización o infraestructura nuevas por completo en donde se puedan diseñar de origen procesos arquitecturas tecnológicas y grupos de trabajo alineados estrictamente a la norma. Es por ello que el PCI SSC emite una guía de implantación de PCI DSS en organizaciones existentes que cuentan con operaciones, sistemas, infraestructura y grupos organizacionales existentes.

En enfoque priorizado es la guía que permite llevar a cabo una implantación que tome en consideración aquellos aspectos que representan mayor riesgo para la organización en términos del manejo de datos de tarjetas de pago.

El enfoque priorizado plantea los seis (6) hitos que se enlistan a continuación:

1. Eliminar Datos confidenciales de autenticación y limitar la retención de datos de tarjetas
2. Proteger las redes y construir resiliencia ante fallas
3. Fortalecer la seguridad de las aplicaciones que manejan datos de tarjetas
4. Supervisar, monitorear y controlar el acceso a los sistemas
5. Proteger los datos de tarjetas que se tengan almacenados
6. Implementar y madurar el resto de los controles de PCI DSS

La forma en que funciona el enfoque priorizado es mapeando éstos 6 hitos con los requisitos del estándar de tal forma que se obtiene una prioridad para cada requisito detallado tal como se ilustra a continuación:

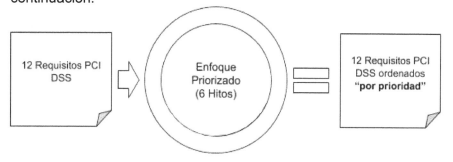

www.ingramcontent.com/pod-product-compliance
Lightning Source LLC
Chambersburg PA
CBHW061052050326
40690CB00012B/2586